從未遇上的父親

蔡元雲 著

從未遇上的父親

作者／蔡元雲
總編輯／馬鎮梅
責任編輯／楊碧瑤　黎美霞
美術設計／黃漢威
出版發行／突破出版社
香港沙田亞公角山路33號突破青年村
電話：2632 0000　傳真：2632 0388
電郵：breakthrough@breakthrough.org.hk
網址：http://www.breakthrough.org.hk
http://www.btproduct.com
承印／陽光印刷製本廠
1991年11月初版1刷
1998年5月2版1刷
2002年7月3版1刷
2015年4月3版4刷

Father in the Making

by Dr. Philemon Choi
First Printing, First Edition, November 1991
First Printing, Second Edition, May 1998
First Printing, Third Edition, July 2002
Fourth Printing, Third Edition, April 2015

Printed in Hong Kong
ISBN 978-962-8791-10-1

本書經文取自《新標點和合本》，版權為香港聖經公會所有，承蒙允准採用，特此鳴謝。

本書採用環保油墨印刷

生 活 與 輔 導

關懷、連繫、復和、

溝通、對話……

凝視心之脈動，

直到重新尋獲自己的心。

目錄

父子再相遇

附錄《聖經》默想及指引：

新修訂版序

在我撰寫的書中，《從未遇上的父親》是我情有獨鍾的一本，因為當中訴說了自己成長的故事。

1991 年第一版誕生時，我用了不少篇幅描述自己與父親交往時的掙扎；雙方都是既愛又懼，不易相遇。

1998 年修訂版出現，我補寫了一篇〈父子相遇在紅館〉。父親戲劇化地決志相信基督，父子間的內疚與恐懼竟然消除了，彼此心靈相遇！

2002 年，突破機構踏進第三十年，沒想到總編輯把《從未遇上的父親》再版，並且要求我再補添一些文章。我在這新修訂版中加添了三篇文章，是我過去幾年為人兒子、為人父親、為人祖父，以及學做「代父」的一些感受與領悟，願意與讀者分享。

意想不到的是這本書竟被華東師範大學出版社選上，在上海出版。上海版的意義重大，因為我曾經與父親及祖父在上海共度人生起步時的兩個年頭。

這本書過去曾經引發親人、朋友和讀者不少心靈的回響，豐富了我的生命。我仍然希望收到你的來函，聽到你為人子女、為人父親的心聲。

懷着感激、喜悅與期待的心情，等待《從未遇上的父親》新修訂版的面世。

蔡元雲

2002年3月20日

修訂版序

在我自己撰寫的書當中，這是最情牽的一本。

書中的我並非純理性地呈現一個社會現象：爸爸不在家；也不是抽離地闡釋一些輔導理論：如何處理沒有父親的創傷、如何重建破碎的男性形象。叫我心繫的是這本書盛載了我個人成長中關鍵的一頁：是四代男人的故事——祖父、父親、我和我兩個兒子。這些跨越數十載、難以理解的父子關係，原來和我成為男人的歷程息息相關。

沒有想到，編輯有意在本書面世七年後把它修訂再版。我主動提出要求增添幾篇文章。這七年間，父親和我的關係有戲劇性的發展，是我做夢也想不到的。本是「從未遇上」，現在是「父子相遇」；我的兩個兒子也長大了，所以還有「父子易位」。我與父親相遇之後，自覺更有信心當兩個兒子的父親。今天，我享受着和他們既是父子、又是朋友的關係。小兒子暉明應《突破》編輯之請所寫的文章〈英雄、嚴父、朋友〉，叫我滿足不已。我把三篇新的文章納入「增訂篇」中。

一個男人成長的故事，要到他離世那一天才畫上句號。我能夠在《從未遇上的父親》修訂版中補上自己成長歷程的續篇，更添一份新的喜悅。

這是一本邀請你參與和投入的書，但願你對自己的父親、對內心世界都有新的體驗。不妨把你的心得和我分享。每個人的生命故事都對其他人有激勵作用。

在尋找父親的旅途上，我結交了不少同路人，最幸福的是能與天父結伴同行。

蔡元雲

1998年3月2日

前言

少年時期讀過的文章，有兩篇是刻在心版上的——冰心的〈紙船——寄母親〉，朱自清的〈背影〉。我羨慕他們能用簡樸的文字表達了對母親和父親的深情。我直覺認為談論〈紙船——寄母親〉的人較〈背影〉為多，正如慶祝母親節的人萬萬，記念父親節的不過千千。

原來心理學家也是花較多精力去研究母親對孩子成長的影響，到近年才湧現有關父親影響兒女性別角色塑造的研究，心理學重母輕父的現象到近年才開始逆轉。

特別眼見自己兩個兒子步入少年，更發覺做父親絕不容易，對父親的身分及角色更多探索；對父子關係的錯綜複雜、愛恨交纏也更加明瞭。

我心裏有衝動寫一本關於父親的書。我知道要寫的不單是從兒子的角度去看父親，也是現身說法去表達為父的掙扎。加上多年來從事青少年輔導工作，十分認同這是「沒有父親的一代」。我們太快把青少年成長的困難歸咎於教育制度、大眾傳媒、黑社會或童黨的不良影響，卻忘記了青少年因為沒有父親而造成的內在創傷。

自己在成長過程中，父親很少在身邊，再加上一些衝突所造成二人間的疏離，我是親自嘗到沒有父親的滋味。但在反省時發現生命裏曾經出現過多個「師傅」（mentors），他們從不同角度填補了父親遺留下來的空檔，成為自己的「代父」（father substitutes）。我衷心感激這些重要的男性，輔助了自己的成長。

生命中最重要的一頁，是與天上的父親相遇。我在中七那年認識耶穌基督，與天父重建關係。二十多年來，是天父的同在與同行，叫我感情得到蔭庇、心靈得到甦醒、內裏創傷得到醫治。祂補足了父親或代父未能充分給予的愛護與教導。寫一本有關父親的書，絕不能遺忘了這位在天上的父親。

我在不同場合帶領過一些小組，探討自己與父親的關係，彼此坦誠分享，當中我發現有些人是因為與父親之間的矛盾而不易敞開心靈，與天父接觸。他們覺得天父是遙遠的、疏離的、嚴厲的，甚至是殘暴的。

其實真正的問題並不出於那位永遠慈愛、不輕易發怒的天父，而是他們自己的父親一直對他們相當冷酷無情，甚至過分苛刻的責備；人往往不自覺被自己過往的創傷所影響，以致看周圍的事物、對他人的評估，甚至對神的觀念，都傾向負面、消極、無奈、懷疑、苛刻。《聖經》說：神按着自己的形象塑造人。我們卻是按着自己父親的形象塑造天父的形象。

我誠懇地把這本書獻給每一位渴求成長的朋友。倘若你盼望進一步了解自己的父親，明白父親對自己成長的影響，治療父親在自己生命留下的傷痕，進而與父親重建關係，相信這本書對你會有幫助。倘若你覺得天父離你很遠，或者從未與天父接觸，這本書可能幫助你消除一些感情的障礙，使你較易親近天父。我還特別為基督徒的讀者編寫了一些默想《聖經》的指引，有助與天父相交。

這是一本有血有肉的書，我不甘於只傳遞一些心理及輔導的理論，因此也分享一些與父親交往、尋求代父，以及與天父相交的心路歷程。我要感激「突破」多位同事，自己教會宣道會沙田堂的多位基督徒朋友，以及多位接受過我輔導的青少年人，他們對我的信任和接納，讓我有機會進到他們生命的隱密處，共同探索他們與父親和天父的關係，這些深交豐富了我的生命。在不透露姓名、不泄露身分的原則下，我在書中摘錄了他們成長歷程的一些片段。這些真實的心路歷程有助我們反省內心世界，我自己也深有共鳴。

這不是一本你能夠速讀的書，我盼望你在閱讀過程中嘗試進入自己及父親的內心世界，書中的個人習作會幫助你反思。能夠找到一兩位知心朋友分享你的思想和感受，會有助消除心中的矛盾——父子之間本來就是充滿矛盾。我更盼望你能善用附錄中的默想習作，與天父重建關係，這可能是本書給你最大的禮物。

願天父祝福你！

蔡元雲

1991年5月19日

我們面對新的一代，他們大部分都是雙親健在，卻沒有父親。

Henri Nouwen

爸爸不在家

香港是個生活節奏不饒人的社會，每個要在這城市立足的男女都一定感受到或多或少的工作壓力。再加上社交應酬、家庭活動、進修的壓力、社區的活動、教會聚會等，往往令人喘不過氣。

有一次，與一位老朋友互訴近期的壓力，發現大家都面對同一困擾：很少時間在家中陪伴兒子。後來他寄了一篇文章給我——"Absent Father Syndrome"（我把這現象稱為「爸爸不在家」），這篇文章帶給我一些反省。

「爸爸不在家」的後果

「爸爸不在家」是指很多父親都沒有足夠時間與子女深入溝通。倘若在家中「缺席」的情況嚴重，對兒女的成長會造成不良的影響。男孩子缺乏了父親樹立的男性模範，長大後會欠缺自信，不敢承擔責任，缺少男兒氣概，不曉得承擔丈夫及父親的職責。女孩子在少年時期得到父親的接納和肯定，會建立起對自己女性身分和角色的自信，與異性相處也更有信心；倘若得不到父親的愛護，很有可能會急於尋求男伴，甚至會濫交，希望在異性身上得到肯定和感情支持。他日結婚時，可能會選擇一個以為可倚賴的對象，例如年紀比自己大許多的男性，其實她是不自覺尋找父親的影子——一個過去從未遇上的父親。

那篇文章的作者描繪的是美國社會的現象，但是我在心底裏也產生共鳴。在香港肯定有不少「爸爸不在家」的個案。自己暗地裏納悶，為什麼在中學、大學的教育裏，從沒有人告訴我父親的角色如此重要，更沒有一個課程教導自己如何做父親？而就在毫無裝備的情況下，自己當上了兩個兒子的爸爸。

奇怪的是日後到美國進修心理學和輔導學，課本上也甚少提及父親在家中的角色；在現實世界裏，母親往往成為家庭的主角，可惜往往是唱獨腳戲，原來父親真是很少回家，不論中外。

我回到香港，在輔導中心工作後，直接觀察到忽視父親角色所帶來的結果。接見過一個又一個婚姻個案後，不由自主的發出感歎：做丈夫的簡直不像男人。但後來卻明白，在他成長的過程中，根本沒有真正遇上那塑造他生命的重要人物——爸爸，因為爸爸常常不在家！

這些沒有父親的男士，在工作地方可能沒有暴露弱點，因為他們有一定的學識和工作技能，但是他們往往不懂得和上司相處，可能過分恐懼，也可能極度反叛，抗拒權威；因為他們沒有機會學習與權威相處，父親是個人生命中第一個重要的權威人物。

沒有爸爸的男士，毛病在家中則顯露無遺。他們會表現得像感情未成熟的大孩子，處處依賴太太，成為家中的「大兒子」；不懂得承擔責任，不敢出主意、作決定；危機中顯得怯懦，不懂得保護太太；不懂得和兒女溝通；在家中表現得疏離、不投入；經常發脾氣，卻對他人的感受毫不敏感；完全沒有一家之主的風範，卻處處覺得家人不尊重自己；極度欠缺安全感，往往跟太太爭奪權力，甚至與子女競爭，批評和指責子女，沒有正面肯定他們。

普世的社會現象

我接二連三碰上這類個案，醒覺到這是相當普遍的現象。美國一項調查顯示：有 23% 的家庭，父親絕少在家中出現；另外 62% 的家庭，父親是身在心不在—— 29% 是因為太忙碌的緣故；18% 是因為心理有問題，未能在感情上投入家庭；另有 15% 的父親是「危險人物」：他們往往不能自制地傷害自己的子女。只有 15% 家庭的父親與子女有正常的關係，子女得到父親的愛護、信任、接納和教導。

在香港並沒有數據顯示「爸爸不在家」的現象是否如美國般嚴重。但隨着離婚率上升，男士承擔的壓力日增，女性角色的改變，我相信這情況會日益嚴重。最近一位精神科醫生作過一項心理健康調查，發現接受調查的一羣表面正常的小學生當中，竟有 16% 有相當嚴重的心理健康問題，要接受治療。這調查亦顯示主要問題在於家庭，其中父子關係不協調是重要因素。

幾年前，台灣已察覺到「爸爸不在家」的現象日趨嚴重，開始了一項運動——「爸爸回家吃晚飯」，據聞獲得廣大關注，成果不俗，值得我們借鏡。

「爸爸不在家」的個人經歷

對我來說，最大的震盪並非「爸爸不在家」這個社會現象，而是這現象對我朋友造成的打擊，以及在自己身上的影響。

我曾經在自己的教會及工作地點開辦有關這課題的課程。除了講授之外，並以小組方式深入探討各人與父親的關係，發現原來大部分成員都經歷不同程度的「爸爸不在家」，包括自己在內。

我在家中是長子嫡孫，自小是爺爺與爸爸的寵兒，從沒有懷疑過父親是否愛我。父親是個海員，每次出門幾個星期至幾個月，回家只停留幾天，又再漂洋過海，所以父親只是間歇出現在家的重要人物，我是真的嘗到爸爸不在家的滋味。那時往往是母親兼任了父親的教導、管教、決策等角色，自己身為大哥，也不自覺地兼了父職。

日後才發覺父親不在家，有時反不及父子間感情疏離所造成的負面影響。記得第一次與父親衝突是因為信仰問題，他不贊成我信基督教，原因是要遵守對爺爺的承諾，要敬奉祖先的靈位。後來他還是讓我受洗加入了教會。接着我遠渡重洋到加拿大念書，而且一去七年，醫科畢業才回港。

真正嚴重的裂痕始於我擇業的時候，我決定投身「突破」從事青少年工作，先是兼職，後來進神學院接受神學與輔導訓練，全職投身「突破」。父親接受不了我這「愚蠢」的抉擇，造成彼此關係緊張。多年來我始終有一種不被接納、不被欣賞的感受，父子間在感情上出現鴻溝。「不在家」是疏離的意思，沒想到這種父子疏離叫我產生強烈的「沒有父親」的感覺，更影響了我為人父親的信心。

我學過心理輔導，又從事青少年工作，經常主持家庭講座，自己又是兩個兒子的父親，卻不能按捺心中偶然浮現的感受——自己不是好兒子，自己也不曉得如何做個好父親。

有一段時間，特別在兩個兒子相繼進入少年期，自己步入中年時，一面要正視兒子的情緒波動，一面要再思自己人到中年的身分和角色。加上工作的擔子日重，他人的期望日增，還有「九七」的衝擊，往日蔭庇自己的長者相繼離港，而父親的健康情況不再穩定、情緒也不斷起伏，心底裏那種「沒有父親」的感覺經常浮現。

別人看見我學業、事業、家庭都有一定的成績，待人處事方面也表現得積極進取，但只有最親近我的人才觸摸到我的另一面，原來我也在不斷尋求父親的肯定。

我現在深信 自我形象的建立，不能單靠自我肯定、工作成就、富裕的物質；每個人都需要他人的肯定，而且不能只得到平輩的肯定，還要得到自己所信任、尊重的「權威人物」的肯定——我們都需要父親！

什麼是父親？

到底什麼是父親？一般人都知道誰是自己的父親，卻不一定代表他有父親：他可能理性上不明白，感受上從未經歷——什麼是父親！

我們可以從兩個角度去回應這個問題。純粹從「功用」的角度來看，父親是生命的傳遞者及生活的維持者。我們的生命始於父親精子與母親卵子的結合；生活也有賴父親供養、維持。父親可以不付任何感情代價，便承擔了這種工具性的職責。

很少父親連維持生活的功能都辦不到，可惜的是有些父親的角色只止於此。大多數父親只注重物質供養，以為已盡了天職。

從關係的角度來看，父親是生命成長的促進者；在個人成長的四個方面，父親都扮演了重要的角色（下列四點在第四章會進一步探討）。

1. 知性成長（Intellectual development）：在直接的教導，或潛移默化中，父親承擔了傳遞知識和價值觀的職責。

2. 心性成長（Sexuality development）：父親是男性角色的模範，在女性角色形成的過程中，也需要父親的肯定。

3. 感性成長（Emotional development）：母親對子女的感性發展扮演重要角色，但是個人安全感和自信的建立，還要權威人物的蔭庇和肯定。

4. 靈性成長（Spiritual development）：敬虔的父親，叫子女感受天父的信實與慈愛。父親是子女和天父之間重要的橋樑，但也容易流為最嚴重的障礙。

父親要全面地引導子女在知性、心性、感性，和靈性各方面成長，他一定要「在家」，付出時間、精神和感情。

再細看上述父親的身分和角色，差不多每一項都可以由他人代替。最容易取代的是維持生計，供養生活是最容易達成的一環。現代科技發達，連生命的傳遞也可以請他人代替——借精產子！

至於知性、心性、感性和靈性的培育，別人也可以扮演重要的角色，但是扮演「代父」角色的人，同樣要付出代價，並要得到對方的信任和尊重，「父子」關係才能促進生命成長。

在撰寫這本書的背後，我有幾項信念：

1. 天下沒有不是的父親——連最失敗、最惡毒的父親也有一點點與生俱來的父親情。

2. 天下沒有完全的父親——每個人都有軟弱的一面，連最好的父親也有不足之處，所以人人都經歷不同程度的「爸爸不在家」。

3. 地上可以找到代替的父親——父親的不足可以由他人彌補，每個人都需要不止一個「師傅」或「代父」。

4. 天上的父親無人能替代——肉身的父親、「師傅」，或「代父」都受時間、空間、人性軟弱所限制。只有無處不在、無所不知、完全慈愛和信實的天父，才能滿足每個人與生俱來「對父親的渴求」。

倘若沒有這幾項信念，我根本沒有勇氣面對自己內心的創傷，更不敢執筆與你探討這個課題，因為在探索的過程中，可能觸發你心底深處的創傷。基於上述的信念，我相信這是一本有助你治療創傷和生命成長的書。藉着每一章末的習作，你會有機會進一步探索自我，有助成長。

個人反思

1. 心底裏的父親

假設時光倒流，試用最適切的字句去形容你童年、少年，以及青年時期的父親，描繪在不同階段你對父親的感受。

	父親的形象	對父親的感受
童年		
少年		
青年		

2. 心目中的天父

請描寫你心目中的天父或是神的形象，並且形容你對這位天父的感受。

我心目中的天父／神的形象	我對天父／神的感受

默想

與我們的天父相交

每天抽出一些時間，在安靜獨處中默想《聖經》（默想經文見附錄一），能夠增進與天父的關係。倘若你不是基督徒，這些經文也會幫助你認識基督教信仰的一些要點。

爸爸不在家，正好給兒女製造機會，讓他們編織有關父親的神話。

Samuel Osherson

父親——不再是神話

父親，在很多人的心目中是個神祕人物。

他來無蹤、去無跡，在家中出現片時就不見了。大部分時間都是板着臉、鎖着眉，沒有人知道他在想什麼，更無從捉摸他心中的感受。他愛評論一下時局，偶為工作的壓力呻吟幾句，其他的話題就是電視、電影、足球與賽馬。對媽媽做的菜總是批評，對孩子的功課總是不滿，對自己的內心世界總是靜默，教做兒女的如何明白他？

父親，很容易從神祕人物演變為神話人物。

人總是喜歡憑想像去測度一些懸疑的人物或事物，日子久了，自己也難辨別哪些是事實，哪些是推測；哪些是真象，哪些是幻想。

爸爸不在家時，做兒女的會憑自己的想像去推敲他不在家的原因。爸爸的緘默也引起子女的猜測：他在想什麼？他的感受如何？他對我有何評價？年積月累之下，父親的形象便在心底中成形了。

我請你描繪心底裏的父親及寫下感受，是鼓勵你去捕捉那可能是模糊的父親形象，你可曾想過這形象中有多少是神話？

為什麼要打破這個神話？

要與父親建立真實的關係，自然要擊破神話，否則或愛或恨，都是建基於空中樓閣，與現實脱節。偏偏有不少人不明不白地因此與父親疏離，甚至憎惡他一生、逃避他一世，自己也充滿內疚與遺憾。

打破父親形象的神話，也是認識自己的重要途徑。從遺傳的角度觀看，我們有一半的基因是從父親而來的，沒有人能否定自己身上所呈現父親的影子；從教育的觀點分析，父親始終是個人生命中第一個權威人物　第一個重要的男性。在子女成長的過程中，父親都會刻意，或潛移默化塑造了他們的價值取向以及人生觀。

哲學家尋求人生真諦，蘇格拉底提供了一個祕方：認識自己。要認識自己，便要認識父親。

心理學家探索人的內心世界，提供了一條路徑：明白自己。要明白自己，便要明白父親。

否定父親的人，是在否定自己；逃避父親的人，也是在逃避面對自己；把父親神話化的人，必然把自己某一部分神話化。

讓我們先藉這一章的個人反思習作，檢視一下父親對我們的影響。

個人反思

父親在我身上留下的影子

請把你自己在外貌、個性、價值觀，及待人接物的表現，與父親相似的地方寫下來。父親對你的影響一定有正面及負面的，請在正反兩方面都舉出十點：

	正面影響	負面影響
外貌		
個性		
價值觀		
待人接物		

我做這習作時有些困難。我毫不猶疑地寫下與母親相似的地方：樣貌相似、說話快、吃得快、走得快、交遊廣闊、樂於助人、為人樂觀……

但是我起步尋找與父親相似之處時，腦際竟然一片空白。安靜下來，才察覺心底有着抗拒，因為當時與父親的關係較為疏離、緊張。並且我一向與母親較為親密，較直接受她影響。別人也經常對我說：你很像你的母親！

到自己心平氣靜一點，反覆思量，卻不得不承認與父親有不少相似的地方。奇怪的是先發現的，都是一些負面的影響：如急躁、不善表達內心感受、不懂得與兒子深交……原來自己與父親疏離之際，較多出現他負面的形象，不自覺地把個性中負面的特徵，都歸到他賬上。

我搜索下去，便發覺自己的外貌、個性、價值觀，以至待人接物各方面，是有着父親正面的影響的。年輕的父親與自己確有幾分相似，對工作認真及負責；不肯負人；寧人負己；堅守立場，做事不違背良心……

這個習作我先後做過幾次，每次事隔幾年，從最初的空白、進而浮現負面的影子，到今天正負相當的均衡，也算是自己成長歷程的寫照。

我請你盡量把正負的影響各寫下十點，是因為我相信父親對你的塑造，是包括了正面的建立及負面的創傷。你也可能像我一樣，分幾個階段才能完成這個習作。

克服抗拒心理

有一位年輕人第一次試做這個習作時，如此描寫自己的感受：「我父親已離世大半年，做練習時我感到有點抗拒。不想回憶他，因為回憶沒用，只帶來痛苦、悲傷。」

回憶不會改變事實，不能改造父親，更不可能叫離世的父親復活。但是回顧是重新面對昨日的自己，明白一些重要的關係。今天的你是昨日的你的延續，也是多年來在眾多重要關係衝擊下，塑造了今天的你。我們不應活在昨日當中，卻不能否認過去歷史對自己的影響。明白歷史，才不致不自覺地重蹈覆轍！

中國人相信「三歲定八十」，心理學家認為性格的塑造，最重要的時期是最初的五年。一位教育家立論説：「到上幼稚園已經太遲了。」另一位暢銷書的作者 Robert Fulghum 説：「我一生最重要的功課，全在幼稚園學過了！」(“All I Really Need to Know I Learned in Kindergarten”)

既然個人的成長歷史（特別是成長初期）如此重要，而成長中最重要的人物是自己的父親，花點工夫去探索這個關係是值得的。

倘若父親已去世，回憶難免傷感；如果父親常不在家，回顧時一定感到無奈；假如父親曾經對自己造成傷害，更會浮現一些隱藏着的傷痕。

成長是要付代價的，並且難免經歷苦楚，但克服抗拒的心，面對真正的我，總比渾噩地活在自己製造的神話中有意義得多！

父親形象的蛻變

我們寫下父親在自己童年、少年，以及青年幾個時期的形象時，不難發現父親的形象隨着年日改變。

有一位女士如此描繪她和父親的關係：

童年：父親有權威、能幹，他發號施令，別人都順從他。爸爸親自駕車，帶我從新界到九龍看電影，我很快樂。

少年：父親很嚴厲，不許女兒游泳。我自己外出游泳，被爸爸責罰。我心中很怕父親。

青年：我與父親很少接觸，大多數時間是與母親及兄弟姊妹在一起。我覺得與他很陌生，也覺得自己很自由，或是任性。

我們在成長，父親也同時日漸年長；我們各自在變，這關係也隨之改變。所以，父親形象的蛻變，有一部分是真實的改變。

另一方面，父親形象的轉變也有一部分是我們主觀感覺，不一定是父親本身的改變。我自己對父親的觀感便是這樣。

童年時候，心目中的父親幾乎是完美無瑕的。他年輕、英俊，穿着筆挺的海員制服：黑衣上鑲着金邊，配了金鈕，配上威風凜凜，軍官似的黑帽。他在客輪上當管事（餐廳及客務的總管），廚師、侍應等都聽他指揮；他有自己的辦公室和睡房，每次帶我到輪船上時，我都受到上賓般的接待。

還記得他第一次教我用刀叉吃西餐，又教我用英語和外籍船長談話。

父親航海回家，母親總是預備豐富的小菜，並招待朋友，好不熱鬧。碰上周末，他一定帶我去看足球，或是看電影（一定是首輪的外語電影，母親則帶我們去看國語電影）。父親的船經常到不同的地方：中國大陸、日本、台灣、星馬、印尼、菲律賓、澳洲等，每次都帶回來不同的土產和禮物，我搜集的郵票也比其他同學的種類要多。

在我記憶中，父親在我童年時從沒有打過我，連責罵也沒有。毫無疑問，他在我心目中是英雄。我更從沒懷疑過他是否愛我。

我懷念自己的童年，腦際浮現的是一幅鮮艷奪目的圖畫，可能在小孩子的眼裏，這世界顯得分外美善吧！

少年的我，開始要掙脱母親的保護：為什麼還要送我上學？為什麼不讓我自己挑選衣服？為什麼還要我跟着她到親友家中拜年？我一方面要擺脱母親，卻有另一種催促，想接近父親。困難出現了，我發現我和父親都不懂得表達內心世界（並非語言問題，我完全明白他的寧波話，他也聽得懂我的廣東話。）我覺得自己對他的世界失去了往日的興趣，而他又不明白我的世界。我的朋友他不認識；他又嫌我喜愛的流行曲嘈吵；他對足球的興趣減低了；我們喜歡看的電影不同了；我的英語已經超越他。父親的英雄形象開始動搖。

還有一些新發現：原來他和同事間也有衝突；在家中也聽見他和母親爭執；他雖然沒有罵我，但是見過他發脾氣的樣子，叫我心懷恐懼。童年的神話開始幻滅。

感覺上，少年的我和父母都疏遠了，其實我仍然希望得到他們的蔭庇、接納，和肯定。當年的我，自然不明白何謂中年危機，只怕他們也不太了解少年人的掙扎。我不會覺得自己的少年期有什麼遺憾，但是圖畫已不再如童年那般美麗，耀眼的色彩好像開始褪色。

青年的我，出現顯著的改變。我找到了人生的立足點，信仰基督改寫了我的價值觀與人生觀，我重寫自己未來的夢。到加拿大念大學象徵我人生另一個里程，是第一次離家獨闖天下，而且是一去七年。直到我醫學畢業，結了婚、第一個兒子出生，才回港與父母重聚。

那時候，父親和我的關係要重新適應。原來我們都是相當執著的人，在信仰上互不讓步，出現正面衝突。真正的矛盾更出現在擇業方面。我決定進神學院進修心理輔導與神學，後來更放棄行醫，專職青年輔導工作，父親與我的關係面臨全盤的決裂。他對我的期望全面崩潰，他強烈的反應也改寫了我心中父親的形象——保護者竟成了壓迫者。我感覺父親與我是各自活在截然不同的世界，彼此間很難溝通。本來色彩繽紛的圖畫，蓋上了一層灰色。

是父親變了？其實他並沒有很大的改變，是我對他的認識及觀感改變了。

是我變了？年輕的我，自然轉變較大。但是真正的問題是我無從讓他進入自己的世界，讓他體諒並接納我的轉變。

今天我已步入中年，仍然不能全面認識和了解自己的父親，但是，我慶幸自己有勇氣去擊破過往的神話。我相信自己對父親的認識深入了，從而諒解和接納，對他的愛也更真實了；我對自己的了解也較為透徹，神話破碎之後，因而也活得更真實了。

在我細察其他人心目中的父親形象時，也發現有類似的蛻變過程：童年是充滿幻想的，人物總是黑白分明，對父親也是愛恨鮮明；少年時帶有反叛，對父母都是若即若離，較為疏遠；青年期似乎最容易出現對立的情況，父親與兒子似乎難免有競爭，兒子往往成為爸爸的威脅，反而是女兒較容易接近父親的心，隔膜沒有父子間的那麼深。仔細探討父親形象的蛻變，會有助我們把神話化的父親帶回現實世界。

把父親神話化的危機

哈佛大學的心理學家指出，一般人都傾向用自己的想像去填補對父親了解的不足，在想像中很容易把父親「理想化」或是「醜化」。

神話中的人物通常都是兩極化的：如唐三藏與牛魔王、白雪公主與王后、灰姑娘與後母。現實世界中，卻往往發現每個人都有他的幽暗與光明面。

我也曾把自己的父親兩極化，有時感覺飄飄然，另一刻卻墜落深淵。現在是學習接納、體諒，並尊重自己那位真實的、有血有肉的父親。

把父親神話化還有一個危機，就使我們心中對造物主——天上的父產生錯誤的形象。

我邀請過不同的人描繪心目中的天父，得到下列的答案：

- *沒有影像、想像不到。*
- *嚴厲、深不可測（太深奧）；有時覺得祂在察看我的作為，但大部分時間並不感到祂的同在，甚至似乎不存在。另一方面，在一些生活瑣事上向神祈求，又蒙祂的保守。*
- *遙遠，但有時又好像很近；嚴峻，但有憐恤。*
- *與神有距離，他沒有主動接觸我，自己卻要走到他那裏。*
- *面對無數的事要做、大忙人。*
- *非常溫柔，伸出雙手來迎接我。*

叫我感覺驚訝的，是我把這些人心中的天父形象，和他們心中的父親形象作一比較時，竟是如此的相似。不知不覺間，父親影響了我們對其他事物和人物的觀感，甚至影響了對在天上的父的感受。

很少人真正的相信宇宙萬物之上，沒有一位主宰，但是真正認識這位神的人不多，因為神不是肉眼所能看見的，不是手所能觸摸的。《聖經》說得很清楚：「從來沒有人看見神，只有在父懷裏的獨生子（耶穌基督）將他表明出來。」（〈約翰福音〉1:18）

我在中七那年與一位基督徒同學交往，從《聖經》認識了耶穌，並因此相信了天父上帝；但是多年來對天父的認識仍然有限，有時覺得祂很接近自己，有時又覺得祂很遙遠。現在我明白過來，並非天父變幻莫測，乃是自己感受上的波動。而影響我對天父觀感最大的，是自己與父親關係的變化。

我渴望認識自己、明白父親，更渴望與天上的父親親近。

個人反思

重寫童年的故事

在你自己的相片堆、家庭的照片簿中，找出一些童年的照片。照片中必須有父親與你一同出現的。這些照片會幫助你追憶童年的故事。然後找適當的機會，請父親及母親（最好能找到祖父、祖母）講述每張照片背後的故事。

「父親與我——我的童年故事」

默想

天父在等待

這一周的經文幫助我們明白，天父等待我們歸回與他相交的心情。（默想經文見附錄二）

好父親要具備什麼素質？有關的理論不勝枚舉，但是總離不了一個重點：要懂得如何與子女溝通。

Beverley Howells

捕捉那聽不到的聲音

若要以「如何與子女溝通」來衡量父親的表現，恐怕這個世界及格的父親不多，特別是在華人的文化社會裏，父親與子女之間總是保持距離，甚少溝通，好像這就是尊嚴與安全的保證。

當我翻閱童年的相片時，很明顯地察覺到父親和自己之間的距離。我童年的照片不多，保存下來的家庭生活照片中，父親出現的次數也不多；而且在照片中，父親的面容總是較為嚴肅，和子女間都沒有身體的接觸。

父親從來很少與我交談，我印象中他也絕少觸摸或擁抱子女，有聲或無聲的言語都罕有。如何填補這個寂靜的鴻溝？如何捕捉那聽不到的聲音？

父親心中的祕密

原來不善表達內心世界並非中國人父親獨有的特徵，西方心理學的研究及觀察也不斷揭露這個普世的現象。心理學家 Beverley Howells 更稱之為美國社會的悲劇。

我不認為做父親的對自己的子女真是如此冷漠，我認為每個父親心中都隱藏了一個祕密，絕少向兒女直接透露——就是「我兒，我愛你！」

個人反思

父親表達關心的方式

每個人表達關心的方式不同，包括言語、眼神、身體語言、書信、實物，或其他。

請寫下你父親對其他人表達關心的方法。

再寫下父親對你表達關心的方式。

對別人的關心

對我的關心

一位年輕女士所寫的心聲叫我深受感動：「自我有記憶以來，我從未被父親擁抱過。他甚至未撫摸過我的頭、拖過我的手；他也從沒讚賞過我們，沒有責備已是奬賞。

我身體健康一直很差，每當他知道我生病，便會責備母親，也會罵我，所以我從不讓父母知道我生病。後來我想，其實他是否緊張我生病，所以用罵的形式表達呢？

由於家庭傳統重男輕女，所以我在父親心中地位不高。不過我一向念書成績較為優異，這點甚得他喜悅，他常以此向外炫耀。但另一方面，他又常常破壞我們讀書的環境，所以我相信他並不是真正關心我的學業，而是關心我能否為他爭光。

父親很重視金錢。家人開始不理他、恨他時，他就以金錢來籠絡人心。我去探望他時（那時我還在念書），他每次都問我有沒有零錢乘車，然後便抓一把輔幣給我。我有時為此很難過，難道親情只靠金錢維繫？但我相信，這是他懂得、或是想表達關心的一種途徑吧。

有一件事令我印象很深刻，最近我去探望他，那天氣溫頗低，他突然抓着我的手臂，摸了我的肩膊一下（因他視力已極差），問我有沒有穿夠衣服。那時我吃了一驚，很想往後退，因為父親那種觸摸於我來説是極度陌生的，我居然有一種抗拒感。這是我有生以來所感受到父親最深刻、最具體的一次關懷，也是在這次中，我發現自己成長所失去的原來是那麼多！」

有多少父親察覺，自己的一句說話、一個眼神、一次觸摸，竟然在兒女身上產生如此的震撼。我深信這位女孩的父親並非對女兒不關心，只是由於他的價值觀念仍然繫於物質及成敗得失上；他也可能有重男輕女的觀念，再加上溝通能力的限制，以致做女兒的不能全面接收到關心的信息。由於他的諸般限制，做女兒的確是有很大的損失。

有些男士向外人表達關心似乎容易一些，對自己家人卻表現得較為嚴厲、苛刻。有些對外人總是較為客氣，憤怒不形於色，對自己子女卻是諸多批評、責備；對別人的子女樂於稱讚，卻看不見自己兒女的優點；對外人表現得慷慨、樂助，對家人卻是異常吝嗇；在外面生龍活虎、談笑風生，回到家中卻是死蛇一般，木訥寡言。我也不明白，這類表現叫子女如何心服，子女只會把怨恨埋藏在心底。

叫我震驚的是這種溝通障礙是如此普遍，難怪很多為人子女的對父親只有恐懼。不敢接近自己生命中至親的人，是何等的悲哀。特別是在西方文化的衝擊下，年輕一代對父親的期望有所改變，對兩代間的溝通有所期望，但願有更多的父親醒覺、突破。

下面這篇文章是我敬佩的長者滕近輝牧師寫的。他在這篇短文中透露了自己心底深處的掙扎，並向普天下的華人父親發出呼喊——突破傳統的父親形象！

父親形象的突破

「嚴父」是一般華人心目中父親的形象。通常父親與子女間都極少說話或接近，更談不上心意交流了。在這種傳統下，產生了多少隔膜，甚至悲劇！不錯，華人在這種文化傳統中，數千年來也產生過無數孝順和敬愛父親的子女，濃厚的孝思隨處流露，但是這種觀念模式今天已經暴露了種種缺點，而且造成了家庭生活的許多危機。

***爆炸性的擁抱**：面對兩個差不多跟自己一樣高、已念高中的兒子，我鼓足了勇氣，閉上眼睛，過去擁抱了他們。我從來沒有這樣做過。這是一個爆炸性的經驗，對我和他們都是如此。一陣愛的暖流漫過我的心靈，這是我們父子間關係、感情的新開始。另一次，我和已經廿五歲的兒子互相擁抱的時候，我的和他的眼淚都禁不住湧流出來，衝開了新的溝通。*

***一次爆炸性的認錯**：一次，我向剛進大專的兒子發脾氣，心中十分不安，最後決定順從聖靈的感動，向他認錯。那是一個炸彈——炸毀了「嚴父」權威的形象，炸毀了「父親永遠沒有錯」的形象！但它卻造成了兒子靈性的轉機。*

***一句爆炸性的話**：億萬孩子從來沒有向父親說過：「父親，我愛你。」億萬父親從來沒有向子女說過：「孩子，我愛你。」他們從來*

沒有泄露過心中的祕密——一個封藏得太久的祕密！一個炸彈藏在這個祕密盒裏面，祕密之盒一旦打開，馬上爆炸！多動聽的爆炸聲！多美麗的突破！防堤一開，愛的洪流就湧出來。

浪父回頭曲：*「……父親就往遠方去了……」他的影子消失在辦公室、公司、餐廳、會議廳、交際、活動、朋友間，這些曾使得他與子女難得一見。「於是他醒悟過來，説，在我家裏有可愛的太太和子女，我要起來回家去，對他們説，我得罪了天，也忽略了你們，從今以後……子女們説，我們的父親是失而復得的……他們就歡樂起來……」*

爆炸性的呼聲：*「法官，請你判我坐牢吧！我只忙於賺錢、活動、應酬、娛樂，我沒有教導和照顧我的孩子。你不要判他有罪，判我吧，判我吧！」這法庭上的一幕，已在千萬父親的心靈中重演、又重演過。*

新形象的建立——導師、良友：*「嚴父」的嚴字沒有錯——只要嚴得有理，嚴得正確。子女絕對需要父親權威的管教。事實上，許多子女巴不得父親嚴格的教導他們，約束他們，訓練他們。人性深處有一個真空地帶，是為了愛的權威預備的。*

父親們，你的「父親形象」是否需要突破？

（上文摘自滕近輝，〈父親形象的突破〉，《中信月刊》，1987年10月號）

愛的密碼——聽不到的聲音

我喜歡看人際溝通的書，這類書籍一般都是側重言語上的交流。言語雖然也會被誤解，但總是最能直接表達思想、感受，以及意願的媒介。每個做兒女的都渴望從父母口中聽到「我愛你」三個字，然而這幾個如此簡單、卻又威力無窮的字，不知為什麼，總是很難出自華人父親的口。

無限期地等待自己父親突破不是辦法，倒不如尋求方法，抓緊那聽不到的聲音，解開那愛的密碼。很多華人的父親，都是用無聲的方式表達他們對子女的愛。

從一些為人子女的分享，我發現一些父親關心子女的領域，及他們表達關心的方式：

關心領域	表達方式
身體	• 囑我多穿衣服（天氣轉冷時）。 • 問我吃飯沒有，偶然替我弄飯。 • 罵我不愛惜身體，常感冒、咳嗽，叫我轉業。
學業	• 爸爸很看重我的學業，成績稍遜便會罰我，但我成績好時卻感到大家一起分享喜悅。記得考升中試時，他買了一打很貴的鉛筆給我，又告假親自送我去考試。我派到比較好的學校，他告知同事和朋友。我投稿被刊登，他也非常雀躍。
物質需要	• 買東西送給我，如書籍、飾物、擺設。 • 替我修理手錶、鞋子、枱燈、電線等。 • 給我零錢乘車（當然不用還）；借錢給我。
道德操守	• 他時常指出我的缺點，要我提防（我成年後時常感激他的提點）。
娛樂	• 他亦多次安排娛樂給我們——印象深刻的是晚上看電影後一同去吃雲吞麪。

上述幾個領域是很多父親共同的關注，傳統上父親倘若能夠見到子女身體健康、學業有成、物質無缺、維持道德操守，再兼顧閒暇的節目，就算是一個標準的父親了。做子女的容易忽略父親在這方面的努力，有時講一句「我愛你」容易，但是在這些生活小環節上盡父親的責任，可能要付出不少勞力和心力。

我是兩個兒子的父親，免不了要為做父親的講句公道話。不少父親可能不擅辭令，不懂得表達內心感受，不懂得表達欣賞，但是他們一年復一年的埋頭苦幹，默默耕耘，恐怕身為子女的真的忽略了這些無聲的愛心、沒有獎牌的功績，可能還認為這都是理所當然吧！

另外有些領域，當孩子長大後，一般父親都會表達關注的——擇業、擇偶、信仰的抉擇。這些都是容易引起衝突的範疇，因為每個抉擇都反映個人的個性、喜好、價值觀與人生信念。我就是因為擇業與信仰的抉擇破壞了與父親的關係。任何父子間的衝突都叫雙方感情受創，我也曾有被傷害的感覺。然而，平靜下來，我仍然聽見那嚴厲的責罵背後的信息——我關心你！

爸爸，我愛你！

父親心中有隱藏着的祕密，子女心中也有壓抑着的感受。

父親心中的祕密：「我兒，我愛你！」

子女心中的感受：「爸爸，我愛你！」

含蓄的父親可能養育出含蓄的子女，不善表達的父親也會影響子女不善表達。於是彼此都聽不到自己最想聽的聲音，也說不出一些心底的話語。

默想

說不出的話

請用左手執筆寫幾個字（倘若你慣用左手，則用右手做這習作）。按你平常如何稱呼父親（爸爸、爹哋、爹爹等），在下面寫下：「父親，我愛你！」

寫的時候，試試捕捉心中的感受

我在幾個不同的小組做過這個習作，每次都有組員低頭飲泣，久被壓抑着的諸般感受湧現出來。左手寫的字好像把人帶回童年時代，那歪斜的字似乎叫我們恢復幼嫩的童真。可能我們真的要回轉像小孩，才能吐出那句講不出的話：

爹爹我愛你！

多少人一生都沒有對自己親生的父親講過一句：我愛你！

我是到加拿大念書時，遠隔重洋、在信箋上才可以和父親用親切的字句溝通。我在信的上款通常這樣寫着——親愛的爹爹：……（寧波話通常稱呼父親做爹爹，但是我從來沒有加上「親愛的」三個字，直到我進入大學，身居海外那日子。）地理上的空間好像縮短了父親和我之間感情上的距離，也似乎增加了我的勇氣和安全感，而且他也沒有機會打斷我的思路，或是壓抑我的感受。

我珍惜那七年留學的日子，原因之一，是自己向父親表達了一些過去積壓心中的說話。到今天我仍在學習，一方面捕捉那些聽不到的聲音，另一方面表達那抑壓在心中而說不出的話。

我十分重視每一次與朋友深入的交流，跟他們分享，我也學習到如何向父親表達關心。下面是一些朋友的心聲：

- 對父親的關心可說是比較 non-verbal ，特別是少年時期。記得有時父親不開心，自己也沒有主動關心，只是坐在一旁，不敢作聲，但其實心裏很想告訴他：我很關心他。現在反而可以直接表達，把心裏的關心 verbalize ，有時甚至可以拍拍父親的肩膊，表示關心，偶然也會送他禮物，請他吃飯，以表關心。
- 送他需要的禮物，買他愛吃的食物，鼓勵他繼續前進。偶然問他兒時的往事、趣事，及他家中的事，以便我能多了解他的過去。為他退休後的生活安排、給他意見，為他禱告。
- 按時給予金錢。根據父親的病情而給他買可吃的東西，搜集一些與父親疾病有關的單張（資料）給他，讓他學習預防和控制。
- 勸他戒煙、少喝酒及少發脾氣。買東西送給他（特別是父親節），如血壓針、皮包等；旅行時寄明信片報平安。掛念父親的健康和工作，但沒有用言語、行動直接說出來。
- 我不懂用言語表達對父親的關心，因為以往跟他一起生活的日子，我們是沒有交流的。一方面他常常歪曲我們的意思而製造紛爭，另一方面是母親不喜歡我們跟他說話。父母分居後那段日子，我有時到父親住所探望他，聽他說話（通常我只是隻字片語的回答），陪他吃一兩頓飯，我知道他已經很高興，因為其他家人已視他作仇人，不大理會、關心他。
- 成長以來，學習去關心父親是極度矛盾和困難的事。幾經掙扎，才可以原諒他以往的行徑和給我的傷害（事實上，那些傷害仍會浮現）。我看見他晚年孤獨時，心中實在不忍。因為信仰的影響，我

嘗試去愛他，但每次去探他，心中都有說不出的難受，常有一種很大的陌生感。我要鼓起很大勇氣，才可以握着他的手，給他一些溫暖。

- *許多時候，我因工作忙碌不能探望他，心中不其然有歉疚之意。有時會夢見他孤苦淒涼的樣子而驚醒流淚，也為此迫切流淚禱告，求天父替我好好照顧他。種種歉疚、思念有時把我壓得很重，很不平安，我實在不知道怎樣平衡這種感覺。*

每次當我聽別人細訴他們與父親之間的故事，心中總是感慨萬千。為什麼最接近自己的人竟如此難以溝通？為什麼最親密的人往往造成最深的傷痕？溝通的橋樑只是人際關係的起點，人仍要面對這些關係背後的種種矛盾及創傷。

默想

父慈、子遁

這一周，我們查考天父與先知約拿之間的溝通，原來對神的言語和行動可以因偏見而產生誤解。（默想經文見附錄三）

這「沒有父親的一代」對權威人物失去信任，他們懷疑任何年長、較成熟、較有智慧，或較有權勢的人。要做這一代的「父親」絕不容易。

Henri Nouwen

父親——有誰可以代替？

從未遇上的父親

我初次接觸「沒有父親的一代」（fatherless generation）這名詞時，心中雖然認同和感受震盪，但仍然覺得有點誇張，心想：這現象應不致太普遍吧。

直到我開始與不同背景的人以小組方式探討父子關係這課題，才發現身邊的朋友，竟有不少是「沒有父親」的。在多次的公開講座中，每逢深入探索「沒有父親」所造成的創傷時，總是遇上很多同感和共鳴的人。

真正的孤兒並不多，有小部分是幼年喪父的，大部分「沒有父親」的人是因為「爸爸不在家」。他們即使竭盡全力去捕捉那聽不到的聲音，也沒有什麼收穫。他們的確沒有經歷過父親的愛；而且並非因為溝通上的阻隔，而是父親真的並不「存在」，另一些則根本從來沒愛過他們的子女。原來這一代有不少人親身背負不同程度「沒有父親」的創傷。

沒有父親的一代，在成長中一定會出現一些欠缺；因為父親是生命的傳遞者及生活的維持者，又是生命成長的促進者。在個人邁向成熟的過程中，父親對他生命的塑造十分吃重；但是不要忘記，參與塑造我們生命的人肯定不止父母二人，其他重要人物在不同程度上，都彌補了父母的不足。

尋找塑造生命的幫助者

我開始探索與父親的關係時，曾經有一段時期感到有點沮喪。理性上知道世上沒有完美的父親，不應對自己的父親太苛求，但是感受上仍然覺得從他身上得到的太少，有強烈的欠缺感；而且不自覺地與別人比較，總覺得別人的父親似乎優勝一點。雖然不少同學的父親都比自己的爸爸富有，但我覺得不滿足的，不是物質上的供應，而是與父親共處的時間太少，與父親的溝通不夠，父親教導自己不足，父親感情上的支持薄弱，父親不認同自己所作的。

有一次參加一個「生命重整營」，那是個安靜、默想、退修的聚會，在一位屬靈導師帶領下，在離島一個靜修中心度過一個星期。營中有一個習作（參考「個人反思」）帶給我莫名的喜悅，到今天再細讀那次寫下的札記，仍然喜上心頭。我樂於與你共享這個習作。

個人反思

生命的塑造者

父母當然是塑造我們生命中的重要人物，除了他們之外，請把生命中對你有影響的人物，從童年開始，一一排列出來，並且扼要地寫下他們對你生命成長的影響。

	姓名	對我生命的影響
童年		
少年		
青年		

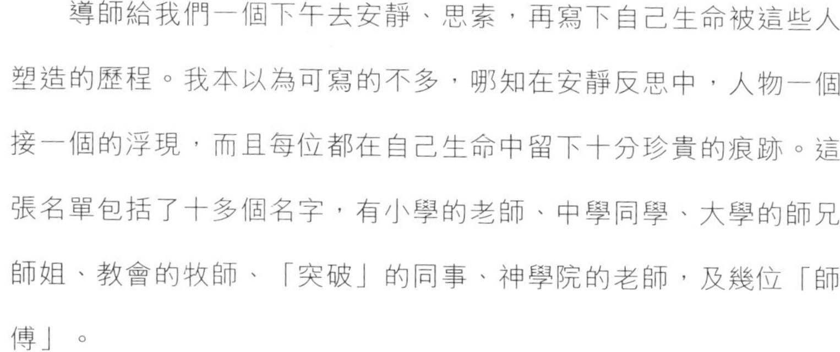

導師給我們一個下午去安靜、思索，再寫下自己生命被這些人塑造的歷程。我本以為可寫的不多，哪知在安靜反思中，人物一個接一個的浮現，而且每位都在自己生命中留下十分珍貴的痕跡。這張名單包括了十多個名字，有小學的老師、中學同學、大學的師兄師姐、教會的牧師、「突破」的同事、神學院的老師，及幾位「師傅」。

其中一位是中學階段認識的同學，我因為他而認識了耶穌基督。他為人嚴謹，對信仰執著，對己對人都有嚴格的要求。因為他的指引，我踏上了信仰的路程，與天父同行，成為我生命中重要的轉捩點。

另一位就是撰寫前文〈父親形象的突破〉的滕近輝牧師，我決志信主的晚上正是他講道。我還記得他當晚如何描述耶穌基督的愛。後來我接受洗禮加入他的教會，多年來從他的講道、著作，以及個人輔導中，學習到不少《聖經》的真理及基督徒的原則。

還有一位是在「突破」同事十年的戰友蘇恩佩。她熱愛生命，把生命獻給基督，又不斷為青少年燃燒自己，並且畢生致力文字工作，成為文化的精兵。她患癌症多年，戰鬥至生命的最後一刻，仍是毫不退縮地站在時代的最前線，她那熾熱的心靈也燃點了我的生命。

我的一位師傅，就是引導我做這習作的「屬靈導師」，十年來我多次參加他主領的「生命重整營」，有一次與太太一同遠赴瑞士，到山上與他一起靜修四個星期，以安靜、獨處、默想、生命反思等現代人失去的生命操練藝術為課題。我是得到他的引導而重新學習的。他不但輔導我處理與父親之間的關係，也引導我與天父建立更緊密的關係。

這個習作叫我發現自己的確有很多不足之處，但同時卻也擴闊了眼目，明白不應把所有期望都投到自己的父親身上。原來有這麼多人在自己身上付出過，我衷心感激每一個曾經雕塑自己生命的人。生命的豐盛不在乎家道豐厚，也不在乎有個完美無瑕的父親，我不會忘記這些建立過自己生命的人。

「代父」——彌補父親的不足

近年來心理學界也特別關注如何彌補父親角色不足所造成的欠缺，其中一個引人注目的課題就是「師傅」（mentor）的角色。對沒有父親的一代而言，「師傅」成為青年人成長中的重要人物，彌補了他在被愛、教導方面的不足。這些「師傅」一般是指在工作場所中較年長的上司，主要是協助後輩掌握工作的知識、技能，並且塑造他們的價值觀與人生信念。

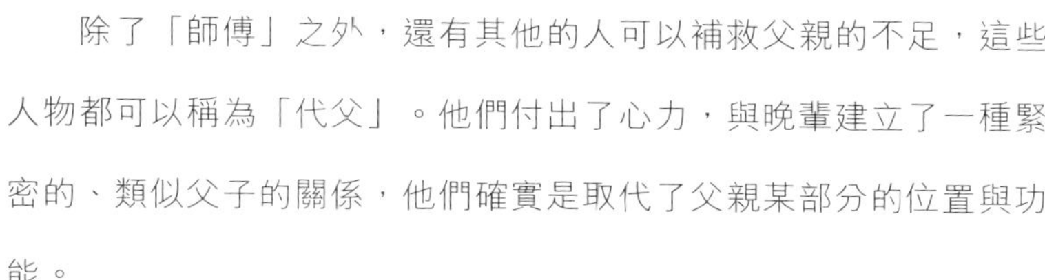

除了「師傅」之外，還有其他的人可以補救父親的不足，這些人物都可以稱為「代父」。他們付出了心力，與晚輩建立了一種緊密的、類似父子的關係，他們確實是取代了父親某部分的位置與功能。

我們來到這個世界，是沒有選擇的，誰是我們的父親並不在自己掌握之中，父親如何養育我們，主權也不在我們手裏。對於這部分的個人歷史，只能努力去認識和接納，並且以醫治去超越可能受過的創傷。

要提防的是無奈、消極的「認命」心態，不要把所有問題都歸咎自己的成長歷史，所有的怨恨都投射到父親、母親身上。我相信人有選擇的自由，個人成長的前路我們是有責任去承擔的。我們也有權利去尋找適合的師傅與「代父」，與他們的生命交流，彌補成長歷程中的不足。

我說過，父親是生命成長的促進者，在個人的知性、心性、感性，與靈性的成長四方面，都扮演重要角色。全面的成長不能單倚賴父親，「代父」在上述各方面都可以彌補父親的不足。

「代父」或師傅都不止於知識傳遞的層次，師徒之間還有一份愛的聯繫，倘若處理不當，這關係也會演變為競爭，出現紛爭甚至分裂，以致雙方都感到難堪或挫敗。因此，切勿創造另一個「代父」

的神話，這些人物只能夠在某一方面彌補我們成長的欠缺，沒有一個「代父」能夠真正完全取代父親的全部角色；況且，具備「代父」素質的人，似乎愈來愈難求。

在人際關係疏離的現實社會中，不少教師、社工，甚至牧師都可能以專業人士的身分出現，與教導或輔導的對象保持專業距離，難以承擔「代父」或師傅的角色。這似乎是資訊時代的悲哀，傳授知識的人易找，傳遞生命的人難求！

機緣巧合，我們可能也會碰到良師，也可以主動尋找一些甘為人師的長者，與他們建立漸進、深入的關係。我對自己有這樣的期望：一方面絕不放棄自己與父親的關係，這是無法取代的血肉關係；另一方面，我也努力尋找「代父」或師傅，在與他們交流生命時，試着彌補一些成長中的欠缺。

在上述四方面的成長中，知識和價值觀的傳遞比較直接和簡單，對教育熱誠的教師、願意提拔後進的上司，都可以扮演這方面的角色。最重要的當然是身教，好的師傅一定要身體力行，言行一致。求學時選學校、選科目；就業時選公司，都要留心老師與上司是否具備師傅的氣質。

心性成長的培育比較困難，因為學習兩性的身分與角色，不能拘限在課本與課室之內，不少性教育的課程只是傳遞知識，對於兩性面對的困擾，以及角色轉變所造成的混淆沒有太大幫助。最理想的兩性教育是在家庭中進行：父母是怎麼樣的男人女人，他們之間如何溝通、相愛、分工、配搭，都成為子女的典範；父母親對子女的愛護及肯定，亦使子女對自己的身分及角色更有信心，更有把握去和其他同性或異性發展健康的關係。「男性危機」的出現，主因是家中的父親無影無蹤，以致男孩子否定自己的男性角色，有些深受創傷的，更可能出現同性戀傾向與行為。

「代父」若要在兩性成長方面彌補父親的不足，必須與他培育的「兒女」深交，讓身為「兒女」的真正經歷被愛、接納、肯定；因失去父親而造成的破碎自我形象和性別，才可以重新建立。

在感性成長方面，也要求「代父」與他「兒女」的溝通進到感性層次。父親的威嚴、剛強與承擔，能夠給他的子女在成長中蔭庇和肯定，子女的安全感及自信心便能逐漸建立起來。我接觸的輔導個案中，不少人樣貌端正，才智絕不讓人，學業及事業也有一定成績，但是仍然欠缺安全感，那是感性成長方面受了創傷。「代父」可以在這方面代替父親的角色，但是必須是出於真情，並且與他的「兒女」建立彼此信任的關係。

現代人最忽略靈性的成長，這也是現代人的悲哀。物質豐裕，心靈卻貧乏；對人生的方向、生死的意義、價值取向，都全盤動搖。

西方的宗教信仰出現低潮，不少年輕人向東望、學習東方的神祕主義，產生了所謂「新紀元運動」(New Age Movement)。在香港的青年人當中也出現了宗教熱潮，有些是從基督教尋求出路，亦有從星座、占卜、神打、碟仙、風水、掌相、各種傳統信仰或民間宗教，尋求心靈上的滿足。屬靈的導師更難求，因為他必須認識創造天地萬物的真神，並親身體驗過天父的慈愛。我自己有幸接觸到好幾位有生命內涵、信仰有深度的屬靈長者，他們給我的啟發和引導是我衷心感激的。

人人的成長歷史都不同，每個父親都有強處和弱點，我們要學習感激父親養育之恩；同時也當按自己的不足，尋覓適合的「代父」或師傅。成長的路是畢生之久，沒有止境的。我的一位屬靈導師已經六十五歲，他有一次告訴我，他多年來跟一位師傅學習，這位老師已屆九十高齡了。

父親——沒有人可以完全代替，但是「代父」和師傅仍可以彌補父親的不足。

個人反思

尋師的展望

按着成長多方面的需要，我們可以放眼不同的領域：大學、神學院、公司、教會，或者向摯友打聽，接觸一些具備「代父」或師傅素質的人，尋求他們輔助自己成長。

	個人需要	預備拜訪的師傅
理性成長		
心性成長		
感性成長		
靈性成長		

默想

神賜代父

神也察覺並憐憫人失去父親的痛苦，他自己親自以慈愛的心看顧我們。主耶穌降世為人，也親自招收門徒，成為他們的師傅。在基督教的信仰傳統中，牧師、傳道人、導師等都常常扮演「代父」的角色。《聖經》人物中不乏優良的「代父」及師傅典範，這一周的經文默想就是環繞這個主題。（默想經文見附錄四）

男人正在苦難之中，只是女人並沒有察覺。

Walter Trobisch

受傷的父親

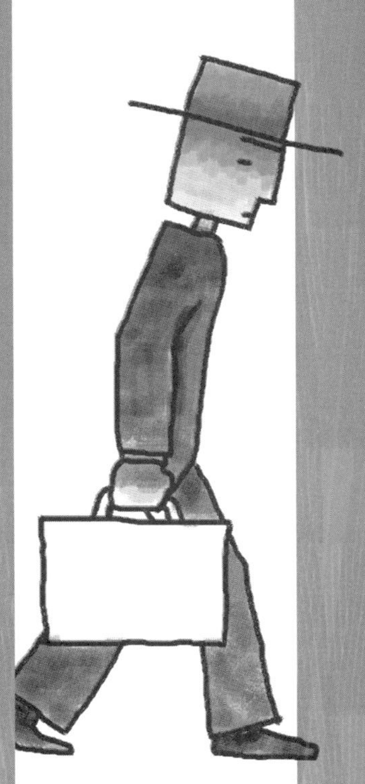

近年來多了男人揭露自己心中真情的書籍， Walter Trobisch是個婚姻輔導專家，他大膽地展示了男人心中的苦楚、欠缺安全感，自覺無能，自卑，恐懼，覺得被忽略、挫敗、脆弱等。不過我相信男人這些掙扎已不再是祕密，女人早已窺察得清清楚楚了，再掩飾也只是自欺之舉。

「男人剛硬，卻是脆弱；女人柔和、卻是韌力。」 Walter Trobisch有這樣的觀察。事實上女性的壽命一般都比男性長，在感情的危機中，女性往往更能經得起考驗和打擊。因此，我相信每個男性成長過程中必定曾經受傷，只是他們可能沒有足夠自覺，或是不敢揭示自己的傷痕而已。

我雖然不盡信 Trobisch 那句説話，但卻有另一項觀察：「父親正在苦難之中，只是子女並沒有察覺。」最少在華人社會中，我相信這現象相當普遍。

男人即使有勇氣向太太透露內心的傷痛，也絕少向子女剖白自己軟弱的一面。

我看見父親哭了

我曾分享過，父親是我童年心目中的英雄，那當然包括「英雄流血不流淚」。我也見過父親面對工作的打擊、人際間的糾紛、經濟上的困難，但是從沒見過他流半滴眼淚，直到那次……

父親當時六十多歲，身體一向相當健康，從沒有嚴重疾病。晴天霹靂，醫生宣判：他要動一個大型的脊骨手術。我在他的目光中洞察到前所未見的惶恐，他頓時方寸大亂，徵詢每個家人的意見，下了決定要接受手術後又改變初衷，再轉換另一位專科醫生。他不信任家人，不信任醫生，連自己的判斷也反覆不定，情緒極度惡劣，煩躁不安，徹夜難眠。

最後他還是決定動手術，而且在手術前還接受我為他祈禱，從前他是堅決拒絕我為他開腔禱告的。手術後，我每天到醫院探望他，並且為他的身體康復、情緒復原，以及心靈安定祈禱，他每次都樂於接受。 就在一次探望他的談話中，我察覺他對死亡有一種莫名的恐懼，我輕輕的問他是否懼怕——他哭了！是無聲的淌淚，他也沒有去掩飾。沒有想到他接下去會向我講述童年的故事：母親早逝、父親續弦、家境中落、少年失學、漂洋過海的孤單……

我從沒有聽過這些故事，但是這些故事迫我重寫父親的形象。我並沒有失去對他的尊敬，反而覺得自己與他接近了。我更明白父親為家庭付出過、為什麼他對我的學業及事業有如此的期望，為何他有時會缺乏安全感、為何他要提早結束航海生涯。

個人反思

撫觸父親的創傷

你的父親也可能像其他父親一樣，不輕易向子女展示自己過去的傷痕、今天的苦楚。請試試詢問父親的童年故事、他與自己父母的關係、求學時期的情況、工作中的掙扎、與親朋的關係等。從他述說的往事中，你可能會察覺他也曾受傷。母親可能提供一些寶貴的資料，讓你有機會了解父親的創傷。

請按着下面各個可能受創的領域，把父親經歷過的創傷摘錄下來：

時代背景

與父母的關係

學業情況

事業情況

婚姻關係

人際關係

健康情況

「新人類」——使人費解的一代

日本一位社會學者稱1965年後出生的一代為「新人類」，他們是戰後第一代所生的子女——未嘗經歷戰亂，不知何謂貧窮；充裕的生活及升學就業的機會都是與生俱來的；他們諳於玩樂，懂得享受生活。「新人類」對上一代的經歷完全陌生，對他們來說，那是另一個世界的故事。

「新人類」的父母本身未必經歷過戰亂，但是他們曾在戰後的廢堆中親自體驗貧窮；他們讀書的機會是苦苦爭取回來的，而且升學機會不多；工作環境及待遇都相當惡劣，每一分錢都是艱辛地賺回來的。他們的父母適逢中日戰爭，在艱苦中未必能悉心照顧子女的需要，因此他們本身也經歷過「沒有父親」之苦，與上一代談不上什麼溝通，也很難明白下一代為什麼不斷強調對話與溝通。像我父母等上一輩，或第二次大戰前後出生的人曾經憂患，對苦難分外敏銳，所以對「九七」問題，與「新人類」的感受相比當然截然不同。他們對工作認真、全然投入，卻不一定曉得享受閒暇生活，「新人類」的享樂人生叫他們感覺痛心，而本身卻因為工作辛勞，影響了身體健康，或導致精神緊張。

代溝不一定是溝通技巧的問題，兩代生長於截然不同的時代氣候、社會環境，雙方的心態與價值觀都不同，所以往往不能理解對方的處境；有對話，但未必能溝通。

倘若稍為掌握多一點上一代的真實處境，可能下面的説話聽來比較順耳一點。

- *讀書不成，沒有出息！（他自己可能缺少升學機會，於是分外緊張子女的學業）*
- *五百元一雙球鞋？真是浪費！（他還沒發覺每個年輕人腳上都是一雙名牌球鞋，他仍懷念昔日白帆布鞋的日子）*
- *我們決定移民，是為你的前途着想！（為我前途？為什麼沒有和我商量一下！）*
- *溝通？整天説什麼代溝和溝通，最要緊是聽話！（在中國的傳統家長制裏，哪有平等溝通這回事！）*
- *放假又要去星馬？上次放假才去了菲律賓！（他也是幾年前才第一次坐飛機，參加旅遊團，度假也是個新名詞。）*

我可曾傷害過父親？

要與父親重建關係，不單要明白他的成長歷史、真實處境，更要設身處地明白他所背負的創傷。還有一個很重要的問題：我可曾傷害過父親？

我還是相信絕少父親是蓄意傷害自己子女的，《聖經》講得好：「你們中間誰有兒子求餅，反給他石頭呢？求魚，反給他蛇呢？你

們雖然不好，尚且知道拿好東西給兒女，何況你們在天上的父，豈不更把好東西給求他的人嗎？」(〈馬太福音〉7：9-11)

我亦堅持另一信念：甚少做兒女的，是刻意叫父親受傷的。然而，我發現不少父子關係中，做兒女的不單是受創者，同時也是殺傷人。

心理學及神學家盧雲神父（Henri Nouwen）的一本書叫做《受傷的醫治者》(*The Wounded Healer*) 指出，受創的人經歷醫治之後，可以成為有效的醫治者。但是受創的人倘若未經過治療，可能在有意無意間報復，成為「受創的殺傷者」。

我與父親交往時，也有這樣的發現，自己同是受創者和殺傷者。

父親堅決反對我進修神學，又強烈反對我棄醫而專職輔導工作，我覺得自己不被了解、不被接納——是真正的受創者。

直至有一次我參加一個輔導小組，主領的輔導員請我們作角色扮演。一位組員扮演我的父親，我表達了自己不被接納那種難過的感受。想不到輔導員隨後要求我們把角色互換，再扮演一次，我代入父親的角色，而那位組員則扮演我來作另一次對談。我有機會設身處地從父親的角度看整件事時，立即感受到父親的憤怒其實是受傷的回應。他千辛萬苦，傾盡自己的積蓄供長子出外念醫科，正為兒子學業有成感到驕傲時，哪想到這個「愚蠢」的兒子，好好的醫生不做，反而去辦什麼雜誌，念什麼神學，當那什麼「沒出息」的輔導員。我代入父親的角色時，心中極之憤怒，為兒子痛心，也為自己難過。

若我單從自己的觀點去衡量這個關係時，就會不斷以受害者自居，直至我採取另一個角度來重估整個關係，才發現自己的轉行，一意孤行，無聲抗議，其實是一下一下擊打父親的心。他是有聲的責備，我是無聲的頑抗，其實雙方都受創，沒有一方有意殺傷對方。

我醒悟過來後，曾執筆向父親道歉，請他原諒我辜負他的期望，請他寬恕我一直堅持己見。我至今並沒有為自己的抉擇後悔，只是為未能明白父親所受的傷害而心懷歉意，何況這傷害竟是自己加在他身上的。

受傷的父親，又有誰真正明白他？恐怕連他自己也不是完全自覺。然而，我們看見父親心中淌着淚，明白他成長的歷史，投入他的實際處境，便會觸摸到他自己也不想面對的傷痕。這一刻，我們會有重寫父親形象的衝動。

個人反思

重寫父親的形象

在第一章，你曾經描繪你童年、少年、青年階段的父親形象，及形容你當時對父親的感受。現在，你逐步打破昔日的神話，再捕捉父親心中的聲音，撫觸他多年的創傷後，可否重寫父親的形象：你會如何描繪今天所認識的父親？你對他的感受如何？

今天所認識的父親

現在對父親的感受

默想

受傷的父

我們所敬拜的天父是全能的父、也是受傷的父。本周的經文讓我們接觸到天父受創的心。（默想經文見附錄五）

我們饒恕時，沒有人察覺的神跡就要發生。饒恕——是在心的隱密處進行。饒恕——是個沒有聲音的神跡。饒恕——沒有轟轟烈烈的蹤跡可尋。饒恕——沒有人可以強迫我們實踐。然而，從饒恕的那一刻起，我們無辜地背負的創傷就開始得到醫治。

Lewis B. Smedes

從饒恕到治療

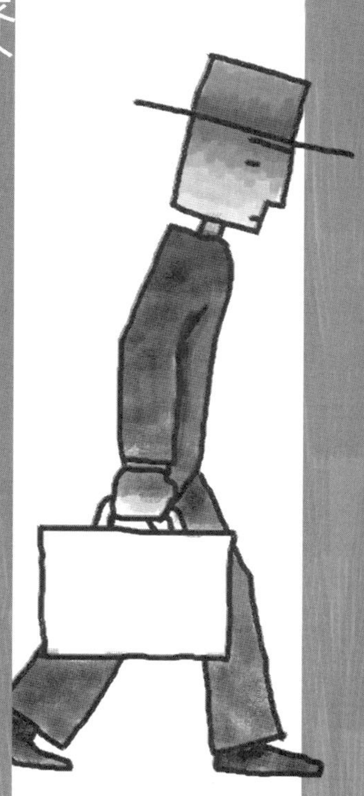

這是全書關鍵的一章：每個人在成長過程中都背負或多或少的創傷，其中有些是罪有應得的，卻有不少是無辜的。無辜的創傷，不少是和父親有關的，而饒恕是內心創傷得醫治、人際關係得重建的必經之路。可是饒恕父親卻是談何容易？

父親，這位生命中重要的人物，是塑造我們人生的主角之一，我們與他的關係是何等錯綜複雜。

與父親有關的神話可以逐一擊破，他從不表達的愛意可以努力抓住，他未曾給予的教導或肯定可以從「代父」身上尋回，甚至我們可以鼓起勇氣代入他背負的創傷，再改寫他的形象——但是他昨日、今日加在自己身上的傷口，如何處理呢？

忘記吧！只是腦袋並不願意洗脱那些不能磨滅的傷痕。心理學家與腦神經專家都告訴我們，沒有忘記這回事，只有強迫的壓制或潛意識的壓抑。然而這些我們竭力要洗去的影象，卻偏偏好像錄影帶般不斷的重播，叫我們煩擾不堪，使我們沒法接納父親，也不能原諒自己，內心永無寧日。

決裂吧！反正不能忘記，就讓這關係決裂吧。對父親不夠狠心直接反擊，就靜悄悄與他疏遠吧；他也該知道傷害別人，結果必然是孤立自己！公開的忿怒、暗中的惱恨都像火一般灼傷人的生命；蓄意的報復、無聲的抗議都造成一定的傷害。父親因自己而受傷，心中又怎能保持寧靜。

饒恕吧！哪有這麼便宜的事，要放過他多少次呢？耶穌教導門徒彼得：當饒恕七十個七次！然而，年積月累，恐怕已經不止七十個七次了。可是，沒有饒恕，不單叫對方受捆綁，自己內心也得不到釋放。如此糾纏下去，結果一定是兩敗俱傷，說不定是同歸於盡！

饒恕四部曲——治療的獨步單方

饒恕似乎是違背人性的觀念：中國人強調「有仇不報非君子」，每部武俠小說都是冤冤相報的故事。猶太人的傳統是「以眼還眼、以牙還牙」，就是人本應按所行的受審判被定罪，只有耶和華才有赦免的權柄。西方強調法治精神，一切講求公平處理，犯罪的一定要受制裁，法官一定要秉公裁決。我到美國進修神學時，兩個兒子剛進幼稚園，我還記得他們很快便學會兩個英文詞句："No way！"——要保護自己的權益；"Not fair！"——要對方受到制裁。

我相信是我們誤解及濫用了饒恕這個珍貴、高尚的行動。沒有公義和真理，饒恕變成「廉價的恩典」；但是饒恕絕不低廉，是有一定代價的。

難怪很多人不是不想饒恕，口中也說「沒有問題，算了吧！」心中卻是忿忿不平，總是覺得不公道。這種憤怒積壓下去，始終有一天如火山爆發出來。子女對父親會累積這種感覺：自己在學校犯規要受懲罰，在家中犯錯要認錯，為什麼做父親講過、做過一次又一次傷害家人、傷害自己的說話及行動，卻不用承擔後果？Not fair！

我欣賞猶太人在這方面的智慧。他們認為開罪別人，也是得罪了那位創造人的主宰，真正的饒恕是從神而來的。猶太人相信耶和華有一天必定按公義和慈愛施行審判。

我更佩服《聖經》有關饒恕的教導，我是因為明白了這個關鍵性的真理，才接受耶穌基督為救主。基督教信仰的核心就是基督和十字架，這十字架就是饒恕的標誌。二千年前，神的兒子降世為人，且被釘十字架，都是為了解決赦罪的問題。在十字架上，耶穌說：「父啊！赦免他們，因為他們所作的，他們不曉得。」這句話、這個十字架，就是整個信仰的中心。

神的饒恕並非廉價恩典，是祂獨生子親自背負了罪的刑罰：十字架是審判、是公義的徽號。

十字架是饒恕、慈愛的標誌。所以耶穌在十字架上誇勝：「成了！」祂的死成就了赦免的恩典、救贖的恩典。

我現在明白為什麼對父親的不服氣、內心的怨憤、無聲的抗議帶來如此沉重的內疚感，因為我不單叫地上的父親受創，也叫天上的父親傷心。我永不能忘記初次向神認罪祈禱，帶着眼淚懇求赦免，接受基督十字架的饒恕後，心中那種如釋重負的感覺。

經歷赦免之後，面對父親的勇氣增加了，雖然日後繼續有矛盾和掙扎，但是我已知道饒恕是治療之道。我的禱告是：「父啊！赦免我，也赦免他，因為我們所作的，我們不曉得。」我如此禱告了不止七十個七次！

神學家 Lewis B. Smedes 所寫的書：《饒恕與忘記》（*Forgive and Forget*）成為全美國的暢銷書，反映出很多人都想饒恕、想忘記，卻是摸不着竅門。他在書中談及饒恕的四個階段，對饒恕的過程有很深刻的分析。

在這裏簡單闡述的饒恕四部曲，對處理與父親的矛盾及其他人際關係，都會有幫助。

1. 傷痛

是受傷害後的苦楚，你不能忘記及擺脱這種內心的呼喊：是一種無辜、冤屈、受擊打的感覺。承認傷痛原來也要勇氣，拒絕接觸自己傷痛的是抗拒進入饒恕的歷程；承認傷痛，也是承認自己要醫治。

2. 惱恨

原來對傷害自己的人，也會產生強烈的情緒，如埋怨、憤怒、惱恨、嫉妒、厭惡等，口中可能未出惡言，心中卻是暗地咒詛；表面保持客氣，心底已孕育報復的意念。這些內心的交戰反映我們其實不單是受害人，也有潛力成為殺傷者。這陰暗的一面，表示我們進入饒恕的另一階段，但只恐怕我們不敢面對自己的陰暗面。

3. 治療

這個階段是本身的治療，這是最重要的階段（下面會再進一步探討這個階段的內心歷程）。受創者本身要得到宣泄、安慰，和肯定，傷痛的感受才能平服下來；同時身為殺傷者的，要得到饒恕和接納，惱恨所帶來的內疚才會消失。這個階段是個人的治療，但最好是有人同行，更需要天父的介入。

4. 復合

這是饒恕四部曲的高潮，是受傷者與殺傷者的復合和解。經歷過治療的人才有勇氣去認罪和道歉，也有量度去包容和饒恕。但復合是二人合奏才能完成的協奏曲，任何一方拒絕合作，便無法出現美妙的音韻，饒恕四部曲也只能停留於第三個階段。

我在處理的輔導個案及主領的輔導小組中，似乎男性會較難進入饒恕的過程。他們表現得十分灑脫：「我都沒有傷痛！」「我早已忘記了！」「我怎會恨我的父親？」「我根本不用什麼治療！」事實卻告訴我，父親所造成的創傷，往往比兒子承受的更多。一般父親會對女兒較少有恐懼、防範、競爭等心理，也表現得較為溫柔。但願更多的男士醒覺過來，叫受創傷的「男性的心靈」得到醫治，不然的話，Gordon Dalbey 這位教牧輔導者的觀察會持續下去：「為何擠滿監獄的都是男士，在教堂卻不見他們的影蹤？」在香港也有這個現象：來輔導中心、家庭服務中心、教堂這類求助的地方，以女性居多；在懲教所、戒毒中心、監獄這類懲治的地方，卻是男性佔絕大多數。

饒恕，並非廉價的恩典，更不是弱者的行為！

個人反思

饒恕的進程

要處理與父親的關係，饒恕是必須闖的一關，請細心檢視一下，你和父親之間，饒恕的進程如何，怎樣才能跨進一步？

饒恕四部曲	本身的進程	父親的進程
傷痛		
惱恨		
治療		
復合		

治療的五個步驟——沒有即時的治療

饒恕的第三個階段是治療，但是心靈治療的過程是一條漫長的路，在這尋求「即時快感」的年代，一切要快，一切要「過癮」，恐怕不少人會不耐煩、不夠韌力去走完整個過程。沒有治療的創傷演變成為內傷，而滿是內傷的人對他人也有一定的殺傷力，難怪現今的社會，人與人之間不單是疏離，而且彼此殺傷，傷痕纍纍！

治療的過程可以分為五步，不一定按先後次序進行，步驟可能先後倒置，也經常會循環後退、再向前。我用五個英文字母 ABCDE 來表示這五個治療過程：

A. 醒覺（Awareness）

自覺能力高的人不必別人提醒，也知道自己需要治療，但是一般人往往走到困境才醒覺到自己的脆弱，承認自己的創傷，感受到自己的無助。醒覺是邁向治療的第一步。

B. 迷惘（Bewildered）

遲鈍、麻木的人，看來比感覺敏銳的人更無憂無慮。自己對內心的情況有更多醒覺，察覺到更多與人之間的矛盾時，可能會更加迷惘；百般滋味湧現心頭，卻又不知如何處理。很多人不敢安靜獨處，就是這個原因，寧可日以繼夜的向外撲，讓急速的節奏、人羣的喧嚷聲淹沒內裏的聲音。我卻認為一段時間的迷惘，總勝過一生的混沌。

C. 懺悔（Confession）

有誰願意面對內心的幽暗？裏面的骯髒、詭詐、狡猾、嫉妒、憤怒、貪婪、私慾……自己哪敢面對？懺悔是肯承擔自己的過錯——那些敵擋神的隱密罪孽，在密室裏向神認罪；得罪別人的地方，私底下向他們認錯；公開的過失，公然向有關人等請罪。有誰不愛面子？這一步驟往往成為治療最大的障礙；向天父認罪反而容易一點，相信神會赦免，但向父親認錯實在難以啓齒，因為沒有把握他會如何反應。懺悔這一個欄不易跨越，倘若有知心的朋友支持，並且得到接納及肯定，會增加勇氣和信心。所以人人都要建立一個「支持系統」，讓這個系統在人生的難關中成為支柱。

D. 死亡（Dying）

治療的過程是先死而後生，懺悔好像把人引進死亡的幽谷，把面子、得失放下，把隱蔽的罪、公開的罪，全盤剖開；自己好像墜入絕望的深淵中——尊嚴、能力、朋友都在剎那間失去了。倘若孤獨地面對這幽谷，可能會走進抑鬱的窮巷，回不了頭。但是如果有人同行，不斷給予支持，便會有力量支撐下去；如果是與基督同死，便有復活的盼望。

E. 復活（Empowered）

這是新生的開始，走到隧道的盡頭，重見光明。卸下一切纏擾自己的重擔後，就輕省得多了；向人認罪之後，關係得以重建，向神認罪後，心靈得到洗滌。腳步再一次輕盈起來，可以抬起頭，不必再瑟縮躲避這個、逃避那個；再一次光明磊落地面對世界，沒有再要掩飾的地方。原來這世界真有饒恕這回事，復合和解也不是天上才得聞的樂韻。

讓我告訴你為何我會選擇輔導工作。輔導者有很多機會與人一同走過這五個治療的過程。最初不禁懷疑，為何要催促受助者醒覺，就讓他睡下去吧！見到別人迷惘，自己也不好受；引導受助者向別人認罪，好像有點強人所難；與他共同走過幽谷時，自己也會害怕；但是與人度過難關，重見光明那一刻，關係得以重修、與神關係和好，那種喜悅是難以形容的。

我與父親的關係，也曾經歷這五種境況。所以我與你分享的，不單是一些心理學的理論，也是千真萬確的心路歷程。我是用充滿感激的心來寫下這一章的，因為當我走過這治療的過程時，有知心的基督徒朋友從旁支持，更有慈愛的天父與我同行。我現在明白為什麼〈詩篇〉23篇成為普天下信徒愛背誦的詩句，因為每一句都刻劃着千千萬萬人的經歷。

耶和華是我的牧者，我必不至缺乏。

他使我躺臥在青草地上，領我在可安歇的水邊。

他使我的靈魂甦醒，為自己的名引導我走義路。

我雖然行過死蔭的幽谷，也不怕遭害；因為你與我同在，你的杖，你的竿，都安慰我。

在我敵人面前，你為我擺設筵席；你用油膏了我的頭，使我的福杯滿溢。

我一生一世必有恩惠慈愛隨着我，我且要住在耶和華的殿中，直到永遠。

《聖經 • 詩篇》23篇

默想

天父必醫治

《聖經》記載的是神創造、人墮落、神救贖的歷史。救贖是醫治創傷，重新再造的意思。天父的救贖計劃藉着基督釘在十字架上得以成就，要明白天父的心，一定要明白十字架——這個代表公義、審判、慈愛、饒恕的記號。十字架叫我們相信：天父必醫治、天父必拯救。我們學習饒恕、尋求治療的時候，不能不再思天父的救贖與醫治，藉着〈詩篇〉美麗的字句、詩人深刻的經歷，我們可以明白天父救贖的恩典。（默想經文見附錄六）

治療父親所造成的創傷，最重要的是醫治那藏在自己心內那「受傷的父親」，以及重建刻劃在心底的破碎的「男性形象」。

Samuel Osherson

破碎的「男性形象」

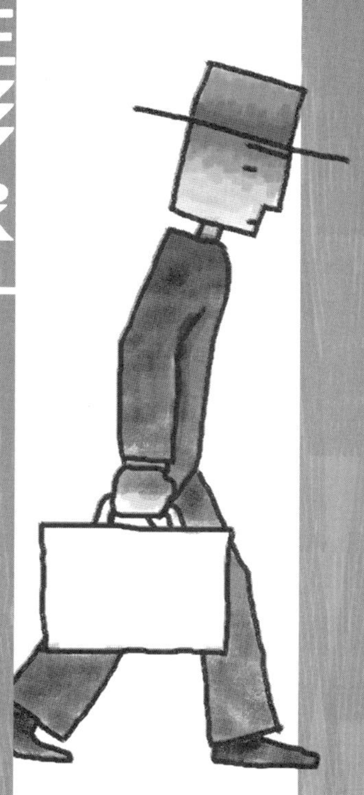

我們明白做父親的也會在成長中經歷創傷。受傷的父親容易不自覺傷害了自己的兒女，把傷害一代一代傳下去。身為兒女的，日夕面對受傷的父親，也在心底裏為他塑造了一個形象——是在主觀的觀察及感受中逐漸形成的形象。這形象並不全面，因為子女對父親的接觸及了解都有限，子女心目中的父親是個怎樣的人，可能與其他人的觀察不同。有些父親可能對子女特別苛刻，但是對他人卻保持一定的寬容；反過來，有些做父親的溺愛子女，對下屬卻諸般挑剔。無論如何，每個人為父親塑造的形象都是深深烙印在腦海裏，倘若子女面對的是個受傷的父親，他們內心也隱藏了一個「受傷的父親」。這個內心的父親形象對子女的影響深遠，因為父親不一定時常與子女接觸，但這心內的形象卻是晝夜盤旋腦際，午夜夢迴也會浮現。

可是，經過了饒恕及治療的步驟，也不一定叫父親所受的傷得到醫治，因為你不能強迫他接受饒恕或治療；可是不要忘記那藏在你心內那「受傷的父親」，治療的過程是從自己的心開始。

你心底的父親形象，同時也代表了「男性形象」；內心的父親受傷，心底的「男性形象」同時破碎；這刻劃在心底的「男性形象」影響着個人對男性的評估，也影響他與其他男性的關係。所以，有些男士不能活出男人的氣質，有些女士終身對男人有恐懼或抗拒感，他們都要重建心內破碎的「男性形象」。

《醫治男性的心靈》(*Healing the Masculine Soul*)的作者向男士發出呼籲：在生活的每個領域——不論身為愛人、丈夫、工作者、父親、戰士，或信徒——都要發揮男性的勇氣及能力。

我在這裏也向女士呼籲：不要因為接觸過一些受傷的男士（其中可能包括父親），甚至身受其害，而定了所有男人的罪。你心底裏也可能隱藏了「受傷的父親」及破碎的「男性形象」。

因為父親受創，這一代不少男女都受傷！

父親的殺傷力

我們在第一章已談及「爸爸不在家」對子女所造成的心理傷害，這種傷害特別是在少年期最刻骨銘心，魯益師稱這為「人生中的黑暗時期」。這時期的「男性形象」在少男少女的心中開始成形，父親是個最重要的塑造者。倘若父親未能給予子女愛護、肯定和蔭庇，母親絕對難以代替父親的角色，「代父」也不容易填補這缺口。

「爸爸不在家」所造成的傷害是漸漸積聚而成的，連父親或子女也不一定察覺到。叫人痛心的是近年愈來愈多直接傷害子女的「暴力父親」，這些傷害雖然明顯，家人卻常常隱瞞起來。

兒女受到父親的虐待已不再是罕見的新聞，而暴力的範圍包括言語及武力的傷害，還有更可怖的性侵犯。

在香港，生活緊張造成心情煩躁，父親在外不敢動怒，往往在家中以妻兒為發泄對象。他大動肝火時所爆發出來的咒罵，或施用的暴力，可能叫他事後後悔，但是在子女心中已留下不能磨滅的陰影。

有一位年輕女士回想童年往事時，出現驚心的一幕：她父親向全家人大發雷霆，最後把未足三歲的女兒推出門外。她只記得四周一片漆黑，自己號啕大哭，孤獨地坐在門外冰冷的石階上，沒有家人敢出來救她，不知隔了多少時候，才有人出來把她抱回去。這位女士現今已結婚，但是有一段時期，她對父親和所有的男性都有莫名的恐懼，就是如今再想起那一幕往事，仍會放聲狂哭。

另一位女士的遭遇更加叫人不忍，因為父親重男輕女，任何事情總找女兒出氣。她最深刻的一幕，是少年時父親把她雙手綁着，用棒子打她。除了打與罵之外，又經常不許她吃飯。長大後，她很快便找到一個願意保護她的男士結婚，哪知她累積在心頭對男性的忿恨、不信任和鄙視，在婚後一點一滴地顯露出來。當然她的丈夫也有很多不是之處，但是作祟的是心底裏破碎的「男性形象」。

在美國，家庭的性侵犯十分普遍，父親性侵犯女兒、兄長性侵犯妹妹的個案屢見不鮮。在香港卻無法稽查這類性暴力的個案有多少，因為家人（包括母親在內）都不想張揚「家醜」；要保護父親，卻是委屈了女兒。香港居住環境狹隘，我相信家庭性侵犯的個案一定比見諸報章，或到警署、輔導中心、社區服務中心求助的數目要多。

在輔導中心，往往要經輔導員細心引導，受助者才肯透露自己被父親性侵犯；這才揭露她們自我形象低落、對異性完全抗拒、對父親痛恨、對生命厭棄的真正原因。

「不在家的爸爸」的殺傷力是無形的，似乎是男性受創的比例較高，「暴力父親」的殺傷力是直接的，這方面似乎是女性首當其衝。

我相信絕少做父親的蓄意傷害自己的子女，父親的「不在家」是一種無意的忽略，或是刻意的逃避，父親的言語、行為表現暴躁，也極可能是他自己受傷的表徵。

個人反思

父親加在自己身上的傷痕

進入治療的過程，必須檢視傷痕，不必一口氣做完這個習作，最好有人給你支持或輔導，然後一點一滴的檢視並醫治內心的創傷。

無形傷害

缺乏愛護

缺乏肯定

缺乏模範

直接傷害

言語

暴力行為

性侵犯

經過幾章的分享，我才敢戰兢地請你正視父親有意無意給你的傷害。這時我盼望你已經重寫父親的形象，明白他過去曾經背負的傷害，而且相信他雖然有意無意傷害過你，仍然是關心你。最理想的是你已找到「代父」或師傅，並且也從天父那裏經歷過饒恕的喜悅。帶着願意饒恕的心，就可以繼續你的治療過程。

記着：治療是先從內心開始，父親的醫治，以及重建關係，是另一個階段的事情。

醫治內心「受傷的父親」

從心理健康的角度來看，心中的「父親形象」比現實的父親是個怎樣的人更重要，因為你並不經常面對父親，卻無法擺脱心中父親的影子。

從個人成長的觀點衡量，醫治內心那「受傷的父親」，比治療父親背負的創傷更重要。父親的責罵可能已經是歷史陳跡，但是你仍然聽見內心「受傷的父親」不住的控訴、批判及低貶；內心「受傷的父親」天天影響你的自我形象，也影響你身為男性或女性的自信心，甚至直接影響你與其他權威人物的交往。父親是我們生命中第一個重要的權威人物，他的肯定會增加我們的自信，他的堅強有助我們建立健康的自我形象，他的可親有助我們消除對其他權威人物不必要的恐懼。

在前面幾章我已按部就班講述治療過程的一些重點與步驟，總結來說，是一個逐步得着釋放、重得自由的過程。

心中「受傷的父親」可能叫人不斷覺得受批判、拒絕，也可能叫人自覺無能、無力。我們心目中的父親可能是個柔弱的受創者，也可能是個橫蠻霸道的殺傷者；憑自己的想像，可能理想化，或是醜化了自己的父親。

人自己創造「父親的形象」，把他藏在心裏，卻不幸成為這個「父親的形象」的奴隸。所以，改寫「父親的形象」十分重要。改寫的時候，一方面是把神話化的部分剔除，把形象與現實拉近；另方面是把「父親的形象」客觀化及從心中抽離出來。你父親與你成為兩個獨立的個體，你就是你，他就是他。你是他的兒子、女兒，卻不一定要受他牽制和擺佈，也不一定要完全滿足他的心意和要求，你不再陷入奴役的危機中。隨着你對他的認識加深，你可以不斷改寫這心中的形象，這已經是自由的起點。（請重溫個人反省，現在你可能對父親的形象有進一步的修訂。）

饒恕是得到釋放最重要的途徑，你不饒恕父親，那心中「受傷的父親」一定纏着你、控訴你，叫你永無寧日。你得經歷被饒恕，及再饒恕他，心中「受傷的父親」才得着醫治；他安息，你也安息。

單獨進行這個療程十分困難，我不敢說不可能，但也是事倍功半，極可能會中途而廢。有「代父」或師傅的指引是最理想的；不然的話，最好也有知己同行，成為支持。

天父的同行是醫治最重要的因素，因為天上的父親最能體恤我們的軟弱，祂的蔭庇及愛護是力量的泉源。而且要經歷饒恕，也必須藉着耶穌基督的十字架，到天父面前得到赦免。回顧自己經歷饒恕與治療的過程，藉着耶穌基督認識天父是關鍵的一步，我永遠不會忘記那不止一次在祈禱中的經歷，讓我真正明白什麼是饒恕、什麼是無條件的接納，天父的愛清除了內心控制自我的東西。

我親身體驗過，教會可以成為「治療的羣體」，因為這羣體可以彼此認罪、互相代求、彼此安慰與扶持。人總是需要關懷及支持的。我們集體到天父跟前時，同心合意的祈禱會迸發出更大的力量。「治療的羣體」把天父的慈愛與赦免具體呈現出來。

重建男性的形象

「男性形象」的破碎，已是現代社會普遍的現象。一位輔導專家指出：「今天男人的問題不是出於與女人隔絕，而是與本身真正男性的一面失去聯繫。」

聯繫，是重建男性形象之鑰。這聯繫包括了愛與被愛、接納、肯定與認同。

在男性成長過程中，最重要的是在少年階段與母親「分離」，與父親「聯繫」。可惜的是不少母親都過分呵護兒子，不肯放手讓他們逐步自立，建立健康的、成熟的男性形象；再加上父親不在家，與父親更是無從聯繫。

聯繫之先，首要處理「分離」問題。這不是說與母親斷絕關係，而是要擺脫她的操縱、擺佈，與擁有的心理。

有一位年輕女士結婚不足一年，來尋求婚姻輔導。她無法忍受丈夫毫無男人氣概，與她婚前認識的英俊、聰明、能幹、溫柔、體貼的形象完全不同。他們婚後與丈夫的母親同住，那也不打緊，只是丈夫對母親千依百順，從不敢逆言半句。母親其中一項堅持是他們晚上不要鎖上房門，因為兒子從小都由她照顧蓋被，以免着涼！噢——這小孩何日才長大成為男人！

感情上、心理上未能與母親分離，就像嬰孩的臍帶未斷，始終依附着母親才能生存，但這只不過是「心理的臍帶」。

與母親分離後與誰聯繫呢？困難在於「爸爸不在家」，心中父親的影像模糊，「男性形象」支離破碎。我仍然相信每個父親都有值得學效或認同的男人素質，只不過「父親的形象」被醜化了，連這些素質都被漠視了。

醫治心中「受傷的父親」要從父親負面的影響中釋放出來，重得自由後，眼目才會明亮，看清楚父親另外的一面。我們不妨與父親光明的一面重新聯繫，重建破碎的「男性形象」。

我親眼見過做兒女的與昔日那位吸毒、被囚的父親重建關係，他們經歷了醫治後，就能真心真意饒恕並接納父親回家，父親也在愛中得到接納和肯定。子女也發覺原來那「無惡不作」的父親，也有溫柔、犧牲、承擔、講義氣的一面——關係重建和聯繫起來。

聯繫也不單是與父親的事情，男孩子要成為男人，女孩子要真正認識男人，也不能單把眼目專注在父親身上，他不是世上惟一的男人，雖然他是自己生命中重要的男性之一。但願有更多人願意成為「代父」或師傅。這些人的確難遇，卻是可求的。我自己多年來仍是不斷地「尋師」，不單學習他們的思想，也觀察他們的為人，並嘗試與他們聯繫感情，希望從他們豐盛的生命中得到滋潤。

人生中最重要的聯繫，是與那位「被遺忘的天父」重新和好、互相溝通。地上沒有完全的父親，我們自己的生命不完整，「代父」及師傅也有他們的限制，只有天上的父親是永恆的。他的信實、慈愛、恩典、公義、憐憫、饒恕、肯定、接納……都是永不止息的。

我們本來都是按着神的形象而造的，曾幾何時，我們與神的關係卻破裂了，出現「受傷的父親」以及破碎的「男性形象」。我渴望與天父重新聯繫，在他的愛中重建自我形象，並重修在地上的人際關係。

「我們愛，因為神先愛我們。」(〈約翰一書〉4：19)

默想

常活在天父的愛中

神就是愛，祂的愛永遠長存，問題是我們是否願意回應這愛的呼喚。這個星期的經文有助我們歸回天父的愛中。(默想經文見附錄七)

Father yourself! （作你自己的父親）

Hans Burki

作你自己的父親

我最初聽到這句「作你自己的父親」時，有點錯愕，也感到失望、被拒絕。

當時我與太太遠渡重洋，到瑞士山嶺上一個小村莊，參加 Hans Burki 博士主領的生命重整營，為期四周。上山是為了安靜、反省生命，與天父親近，也是接受屬靈導師的指引。

在羣山環繞、眾樹懷抱、飛鳥相伴、清風輕撫當中，與創造大地的主宰分外接近。《聖經》的默想、導師的指引、太太的分享，以及友人的深交都使我心境寧靜。

我與導師細談自己與父親間微妙的關係，正慶幸找到一個明白自己的「代父」，哪想到他的贈言只有兩個字："Father yourself！"

我直接的感覺是千山萬水來尋找「代父」和師傅，竟被拒於門外。後來才慢慢醒悟這句説話背後的智慧。

沒有人能夠真正代替父親

心理學家形容人心底裏有一種渴求父親的傾向。少年時這種傾向浮現，卻被反叛、求獨立的傾向所掩蓋。踏入青年早期，忙於事業、適應婚姻，對父親的需求並不明顯。步入青年中期，接近中年轉折期，子女也開始成為少年，父親的身分正式受到挑戰；在工作崗位上已成為有資歷的先進，較年輕的同事都尋求自己的肯定及蔭庇。內外的人都對我有「父親的渴求」時，自己不禁會問：那麼誰是我的父親呢？

人到中年，父親已步入老年，老父往往不能滿足自己的需要，於是便轉往其他途徑，從而獲得肯定、保護、引導。最自然的方向是向較年長的男士求救。

我在第四章指出「代父」的確可彌補父親的不足，但是始終不能取代父親在心中的位置，更不可能長期陪伴左右。有研究更指出，倘若師徒之間過分接近，未能保持適當的距離，可能會因為個性而產生磨擦，甚至互相競爭，結果不歡而散——「代父」的神話也告幻滅！

在自己尚未洞察之先，已有一位長者向我太太分享他的觀察：「我看他正在尋找一個父親！」

Hans Burki 當然也察覺我期望他扮演父親的角色，但是經驗與智慧告訴他，任何「代父」都不可能滿足這種好像無底深潭的渴求。他溫柔而堅決的勸告我：不要把所有希望寄諸他身上，我必須自己承擔責任，尋求出路。他願意扶我一把，但是若要他成為我父親，不過是在編織另一個神話。

今天，我仍在尋求一些能啟迪並建立自己生命的師傅，但是我不再期望他們滿足我對父親的渴求。

肯定自我，行嗎？

童年或少年時，自我的肯定多從外界的權威人物而來：父親、母親、師長，或是心目中的英雄、偶像等。自信心慢慢建立起來之後，肯定自我的能力也增加了。

可惜很多人肯定自我時仍然倚賴一些自己擁有的物質、名望、事業成就等外在事物或他人的評價；並非真正建基於自己對本身生命素質的反省及評估。肯定自己的基礎完全建立在外界的人，內心一定缺乏自信和安全感。

父親形象的受創一定會影響評估自我的能力，所以有些人對自己極為苛刻，不斷自貶（好像他父親對待他一樣！）；另有一些人盲目狂妄，對自己的缺點毫無自覺（他的父親對他可能是完全放縱、過分保護或溺愛）。

若心中那「受傷的父親」得到醫治，評估自我及肯定自我的能力也會提升。就是父親未能給予鼓勵或讚賞，自己也可以在內心自我勉勵。這並非自吹自捧，更非阿Q精神，乃是在心志上要成為大人的成熟表現。

Father yourself ——自我肯定也是其中一個途徑。

歸回天父愛的懷抱

作自己的父親，並不表示孤立自己，整天自說自話，活在封閉的系統中。

現代人最大的悲哀是孤單，最需要學習的功課是獨處。獨處並非孤單，乃是歸回寧靜，在安息中，享受天父的同在。

天父並非在創造天地萬物之後便躲藏起來，祂是昔在、今在、永在，並且無處不在！只是在繁囂中、在罪孽裏，人不但迷失了自己，也不再感覺天父的同在。

天父曾發出呼喚：「你們得救在乎歸回安息，你們得力在乎平靜安穩。」(〈以賽亞書〉30：15)

主耶穌也曾宣告：「我就是道路、真理、生命；若不藉着我，沒有人能到父那裏去。你們若認識我，也就認識我的父。」(〈約翰福音〉14：6-7)

Father yourself ——不單是肯定自我，更重要的是歸回、安息，在平靜、安穩中經歷天父的肯定。

我知道父親確實愛我，只是他也背負着自己的創傷，不能如我所願的不斷給我支持。我也找到好幾位名師，但是每位都是遠隔重洋，一年難得見面一次，給我直接的鼓勵很有限。我的自信心逐步建立起來了，太太及兒子也是我生命中重要的支柱；但是我仍然要單獨面對人生百般的考驗，仍難免背負諸般的苦難，但我知道天父是我隨時的力量與安慰。

獨處是持久的操練，現在每個清晨起牀，我都與太太一同禱告，再獨自默想《聖經》，與天父在祈禱中對話。我一直都迷戀海洋，愈來愈愛高山，又愛定期退到寧靜的大自然中，洗滌心靈，聆聽內心的聲音，這樣天父的聲音也更加清晰。我學習做自己的父親——其實在獨處中，天父成為我的父親。

我愛香港，正因為這城市充滿動感，每天都是挑戰。但是我也察覺到，城市急速的節奏往往侵蝕人內心的寧靜，有時我們不斷追趕，好像與天父失去聯繫。當我與天父保持聯繫時，在人羣中、苦難裏，仍然經歷祂的同在。

香港人現在面對集體危機，比過往任何一個時期，更深深感受到何謂「沒有父親的一代」！中國本是我們共同的父親，一場戰役，香港這小島被父親拋棄。經過一百五十年，剛與養父（英國）建立關係，如今又遭養父摒棄。重回父親懷中本是喜訊，如今卻是心情矛盾，百感交集（因為父親不單貧窮，而且有時蠻不講理）。有些家庭的父親選擇做「太空人」，真的是上演「爸爸不在家」；另有一些父親把幼子送到外國念書，為移民開路——是「兒子不在家」！再加上那些心不在家的父親、受傷的父親、暴力的父親……

香港，沒有父親的都市，我曾為住在其中受傷的父親流淚，我又看見多少個受創的兒女，正在追尋他們從未遇上的父親！但願我們一同回歸，活在天父的愛中！

個人反思

你從哪裏得到肯定？

	現時情況	未來展望
父親		
代父		
自我肯定		
天父		

你的父親也需要父親

倘若你覺得 father yourself 的難度高，你可曾想過 father your father（作你父親的父親）是另一項難以逃避的挑戰。

這本書的重點是你，並非你的父親。但是你卻不能忘記你的父親。

你內心的「受傷的父親」可能得着醫治，但是父親可能仍然不肯面對自己的創傷。你可能已經伸出饒恕的手，並已開腔懇求饒恕，但是父親仍未願意復和。

父親愈是步向晚年，願意改變的可能就愈低，思想及感情都可能隨着老化而僵化。在他寧可孤獨、憂鬱、孤立自己時，你不一定有方法改變他。重要的是你不要與他一起低沉下去，你仍可選擇踏上那治療及重建之路。

我並非勸你放棄父親，只是心態上要有所轉變——你能否反過來做他的父親？

老年人不單身體脆弱，要人照料；在感情上也呈現不安——着緊金錢，斥責兒女，抨擊老伴，咒詛人生，這些都是欠缺安全感的表現。他表面上仍要逞強，有時像隻怒吼的老虎，但是心底裏卻是惶恐，像一隻受傷的貓。

父親包容兒子的程度會比兒子容忍父親容易一點，父親對兒子更願意付出和犧牲。倘若你能暫時擱置對父親的期望，反過來像父親一般照顧他、保護他、引導他，你的心情可能會好受一點。

不要忘記，他比你更孤立，更不可能找到「代父」，更缺乏肯定自我的條件與信心，他也可能不曉得如何與天父接觸。你需要父親，他也需要父親——他已作你的父親多年，何不反過來，由你做父親的父親！

當然，天父可以同時作你和父親的保護者，你們可以同享天父的慈愛！

我的心平靜下來。願意承擔這個新角色時，我也開始釋懷——父親的情緒不再牽制自己的情緒。在這自由的空間，我更容易以兒子的心尊敬他，並以父親的心看顧他。我仍在等待父親與天父建立關係那一天，我知道天父也在等待！

個人反思

如何照顧你的父親

父親的需要	我的行動
衣食住行	
身體、健康	
閒暇活動	
社交生活	
節日慶祝（特別是父親節、生日）	
感情支持	
心靈關懷	
身後事的保障	

一生走不完的旅程

寫到這裏，自己舒了一口氣——終於接近完成了。一本心中有衝動要寫，卻一直耽延的書。

我不斷拖延，是覺得自己內心仍有很多尚未整頓好的情緒，與父親之間仍有一些未解開的結。我覺得身為兒子，對父親仍有很多地方不了解，我對他的感覺也是翻來覆去；自己身為父親，也自覺不足。

到了今天，每次打電話給父親仍是有些掙扎，因為不能預測他的反應如何。他心情欠佳時，仍然會拒絕我探訪，然後掛斷電話。我現在已學會讓他自由選擇，他也需要空間，我也要珍惜自由，不讓情緒被他的反應牽制。

我算是個願意聆聽、善於表達的人，不知為何，不止一次在父親面前好像舌頭打了結，找不到要講的話。我仍在努力建築溝通的橋樑。

自己的兒子在童年時，與他們一起游泳、踢足球、談球賽、遊山玩水、到教堂崇拜、在家中讀《聖經》、講故事，暢快無阻。到兒子進入少年期，他們的情緒有波動，而自己情緒也有起伏。我教其他家長不要做的事，自己有時照樣控制不住：他們鬧脾氣，我也會光火。有時不自覺偏幫其中一個，未聆聽便先下判語，他們的話未講完便給我打斷……我也主持過不少家長講座，有時暗地裏懷疑自己到底是不是一個好父親。

我覺得這一章探討兩個課題——father yourself 及 father your father，難度特別高。我真不願意把一些自己未能實踐、未經歷過的理論加諸讀者身上，所以一直不敢動筆。不過，我知道自己已經踏上一生走不完的旅程：肯定自我，與天父相交，照顧自己的父親。再過幾年我仍然會有不足的感覺，我就按自己的情況與讀者分享，與讀者同行吧。

默想

父子情深

我們細讀福音書，一定會發現主耶穌與天父之間那不可分割的關係——父子情深！主耶穌也以祂和天父的關係，闡釋我們與天父之間的關係。這個星期的《聖經》默想會帶給我們羨慕、盼望和安慰。（默想經文見附錄八）

「出來！出來！」——讓那「受傷的父親」出來，得到治療；讓那破碎的「男性形象」出來，得到重建。

蔡元雲

父子再相遇

父子相遇在紅館

1993 年 9 月 18 日，一個我期待已久、卻又意想不到的時刻竟然來臨。當天我父親與我的天父相遇，我與父親心靈間的圍牆拆毀，不單是心靈裏的高接觸——還是成長以來第一次父子相擁抱，在紅磡體育館近萬人面前上演了戲劇性的一幕！

我本以為自己一定泣不成聲，卻想不到是喜樂和興奮蓋過了一切，我們四兄弟姊妹一同與父親在紅館中真正相遇。自從我相信基督以來，等候這一刻的來臨已有三十年了。

有愛無情的歲月

我從來沒懷疑過父親對我的愛。身為長子嫡孫，好像是得到寵愛的保證，我最喜愛的童年照片之一，便是坐在祖父懷中，與父母一起三代同堂的一幀，叫我知道自小就是蔡家的寵兒。

由於祖父的小生意失敗，父親才十四歲便開始航海生涯。家境雖然困難，父親卻是一口風、一口浪地辛勤工作，對家庭的供養沒有片刻間斷，最後更傾盡一切積蓄供我到加拿大念書。誰能忘記這般恩與愛？

然而，父親卻從沒親口向我表達過心中的情。他每次出海——或幾星期，或幾個月——回家幾天便再匆匆出門。那幾天內，母親一定預備最豐富的菜餚，也會有親友到我家來打麻將，家裏的氣氛比平日熱鬧。父親偶然會帶我們去看足球（難忘當年的南華巴西大戰），或是去看電影（多是首輪的西片呢），也曾帶我到他工作的輪船參觀，他又喜歡在新年到照相館拍攝全家福。我相信這些都是愛的行動，他卻沒有吐露真情的言語，也沒有親暱的撫觸。父子間絕少對談，好像有種陌生感。

我仍然珍惜那段既有愛又似無情的童年父子關係。

成長中必然有衝突？

我從來不敢正面違抗父親，父親在家中有無上的權威。我也記得他發脾氣那刻的面孔，叫我不敢正視。

第一次與他發生衝突是我決志信耶穌那一年。我還不敢面對面告訴他，由母親為我轉達，也是由母親口中得知他的不滿。但他一直沒有直接與我談論，為何對我的信仰抉擇不滿。

地理上的距離反而製造溝通的安全空間。我在加拿大留學的七年，只有在寫信給父親時才會稱呼「親愛的」爹爹。他的來信雖然沒有流露什麼感受，我也能從字裏行間捕捉思念之情。

大學畢業後回港，經歷過一段蜜月期，我父親為我學成歸來、當上醫生，並且成家立室而笑逐顏開。他還為我們安排一次宴會，為他的兒子、媳婦，和第一個孫兒在親友面前「炫耀」一番。

當時年輕的我，卻在尋找自己，終於追隨着心中的呼喚：棄醫而從事青年工作，投身「突破」；也因此牽起一幕接一幕的正面衝突！

最厲害的一場是我離開香港到美國進修輔導和神學之前。父親吩咐所有家人迴避，把我叫進房間，只留下我的四弟做「證人」，然後用了最少兩個小時痛斥我轉行的決定，他積壓在心中的怒火全部爆發出來。我沒有回駁一句，也沒有在他面前流下一滴眼淚。

次日，我與太太和兩個兒子離港，機場擠滿了送機的親友，我卻在尋找一個人——那沒有遇上的父親！上機之後，找到自己的座位，淚水奪眶而出。

那是憂傷的淚，為何偏偏父親不支持我？是憤怒的淚，我已年屆三十，難道連決定自己人生的路向也沒有自由？也是內疚的淚，我何竟背叛多年來為自己辛勞的父親？

我感到一幅布幕下垂，把我和父親分隔在兩個世界，沒有聲音，各自孤寂！

真情敞露的相遇

我花了很長時間整理內心的衝突，以及澎湃的情緒，離開香港一年多正好給我所需的空間和時間。

在一次小組輔導的角色扮演中，我不但有機會表達受傷的感受，並且進一步明白我父親也因我的抉擇重重受創——我放棄一份備受尊重的職業，走上收入及前景都不穩定的路，不單是愚拙，而且是羞辱，更枉費了他多年的心血！

我在神面前祈求饒恕，因為我真不願意傷害自己的父親；我又祈求勇氣，叫我誠意面對那位既受傷又憤怒的父親。

父親終於讓了一步，無奈地接納了我轉行的決定。我十分珍惜他退讓這一步，也竭力讓他知道他並沒有失去他的兒子。我每個星期一定到他家中去看他，風雨無間，總算重新架起溝通的橋樑。

過去幾年，我和父親之間那一幅阻隔的簾幕好像緩緩地升起。

我們之間的接觸開始進入新領域。父親開始向我透露他的童年：他的母親中年早逝，他父親亦有剛烈的一面，他在少年航海時的辛酸——他開始願意在我面前淌淚。然而，我們都知道當中有一些溝通禁地：不談信仰，少講「突破」。

有誰想到他竟然應我妹妹的邀請，出席由我主講的「彩虹佈道會」？有誰想到他竟然在他兒子在台上呼召時，會走到台前決志接受基督？

當晚的主題是「家庭重補的福音」。我在準備講道內容時已經覺得扎心，我和父親的關係最需要重補，自己期待着與父親復和的日子不知何年何日才能實現。我知道重補的基礎是彼此饒恕，彼此接納，拆去中間的圍牆——這正是基督福音的核心。

那個難忘的晚上，我站在紅館的講台上，向着上萬的聽眾宣講基督的愛，並邀請赴會者到台前接受這份無條件的饒恕，在愛中重補和家人的關係。哪知台前的人羣中有人向我揮手——是我的妹妹！

我俯身問她什麼事？她說：「爹爹要信主！」我從三呎高的台上跳下來，走到父親跟前，問他：「你要接受基督嗎？」他臉色莊重、肯定地點頭。我已忘記了自己是他的兒子，立即追問道：「信耶穌，要認罪禱告的，你願意嗎？」他再向我點頭。

我扶着他走上講台，激動地、興奮地、鄭重地向全場近一萬人宣告：「這是我的父親，他願意接受耶穌，我要為他禱告。」全場自發地鼓掌！

真正相遇、第一次相擁，父子都笑得合不攏嘴，眼有淚光。等候了三十年才來臨的祝福。我再寫那一刻的經歷時，仍熱淚盈眶，那是感恩的眼淚！

父親決志後的一個星期日早晨，我到他家中去看他，並且陪他上教堂。他請我進房間談話，我有點失措，還記得昔日他請我進房間接受訓話的景象。哪知他一坐下，便淌淚了：「我覺得很慚愧！我曾經因你轉行痛罵你；今天你卻不斷來看我。你每次來看我，我都覺得慚愧！」

我深受感動，卻又覺得可笑。我每次探望他時，心中仍存有一點恐懼和一絲內疚，到那天我才知道，他的感覺卻是慚愧！

「突破」二十周年感恩會的席上，父親竟然應邀出席，他在我身邊耳語說：「突破二十年了，我現在明白你做的是什麼，很有意思！」

今年是我信主三十年，投入「突破」二十年，想不到父子之間的溝通禁地——信仰與「突破」，就在此刻解禁了，父子真情敞露的相遇了。

父子易位

今天，我父親住在安老院，父子易位。我現在明白我的導師為何教導我：Father your father ——作你父親的父親。

父親年紀老邁，身體逐漸衰弱，感情也變得比以前溫柔（這也可能與他信了耶穌有關）。每次他進院接受檢查或手術時，需要人照顧、探望、陪伴的心情都流露無遺。從前他以航海為業，給我們的印象是「獨行俠」，十分獨立，毋須他人關顧。今天，他的眼淚也容易掉下來，一度為擔憂死亡而黯然，又會為親情而落淚；而每逢分享他的童年往事、海上生涯，熱淚有時也會奪眶而出。我開始明白到他和爺爺之間的情是何等的深；又了解到童年喪母那種孤苦伶仃的感受；更體會到海上漂流的孤寂。他常說：「四面朝海，一面朝天！」有點厭倦和唏嘘。

他最高興的是見到孫兒去看他，最寵愛的是他的嫡孫，每次見到他總是笑逐顏開。誰料有一天，他連孫兒也不再認得了。有一次他在診所和兩名孫兒相遇，哪知他竟然視若無睹。再過一些日子，連兒女的名字也混淆不清了，他的記憶力明顯地衰退。

終於，我們擔憂的事情發生了。有一天我們接到警署來電，原來警察發現他深夜在街上遊蕩，連自己的家也忘記在哪裏！幸好放在他口袋裏的地址簿有子女的電話。

父親仍然堅持要自己一個人出入，不接納我們請傭人陪伴。結果是幾個不同地區的警署都認識了我父親。我們曾經接他到家中居住，但他堅持要回家，不肯留在陌生的地方，更不願意終日困在四壁之內。

就在那段時間，我們去看《女人四十》。發覺喬宏扮演的「老人癡呆症」患者，原來沒有誇張（除了拿傘子從天台跳下來那一段）；我太太更是全然認同蕭芳芳那個媳婦的角色。

最難得的是父親對我們建立了一份信任。我見到他不再畏懼。他信主後，我每次和他共聚，都有機會一同讀一段《聖經》經文，我會握着他的手和他一同禱告。他也學會了用簡短的字句禱告。

我請教會的牧師去探望父親。牧師很細心的跟他談話，領他祈禱，最後還願意為他主持洗禮。洗禮當天，我有點擔憂父親的反應，會不會突然抗拒？牧師讀畢《聖經》和祈禱後，父親忽然轉身輕聲問我：「我這麼多罪，可以洗禮嗎？」我輕聲回應說：「正是因為我們有罪，才要洗禮，主耶穌潔淨我們！」

接受洗禮時，父親一臉和祥。他閉上眼睛，一句一句跟着牧師祈禱。牧師把水澆到他的頭上，水從頭髮、前額、眉毛、眼睛、眼鏡、鼻子，直流滿面，他仍保持平靜。我心中仍有焦慮，平常他很怕人弄濕他的眼鏡。牧師在洗禮後溫柔地問他：「你現在覺得怎麼樣？」父親氣定神閒地回答：「很快樂！」

很多人都說，老人家會返老還童。年老的父親讓我看見他單純像孩童的一面。主耶穌也曾說：進天國的人要回轉像孩子。

小孩子有單純信靠的心，有倚賴父母的需要。我看見父親身體、感情、靈性上都有需要，我很自然地回應他的需要。我們的身分轉換了，我成了老爹的父親——給他講故事，哄他用膳，協助他上廁所……

難以想像，從恐懼和罪咎作起點，在基督裏與父親相遇，昔日的恩怨一筆勾銷——我不再懼怕，他不再慚愧，我從沒有與自己的父親如此接近。今天，反過來是我們作為兒孫的照顧他，覺得自己很幸福—— 子欲養而親仍在！

我在父親的牀頭掛了一幅字畫，是〈詩篇〉23 篇：「耶和華是我的牧者」，是他最愛念、最愛唱的詩。他的廣東話説不準確，他的音調也更不準，但是每次同念或同唱這詩篇時，他面上都流露天父同在的光采。我覺得父親也很幸福，他終於脱離孤單的航海生涯，可以享受天父的眷顧和同在。

我曾經畏懼自己的父親，後來自己身為父親也是戰戰兢兢。今天，竟然安然地接受父子易位，學習服侍自己的父親。

我慶幸自己能為《從未遇上的父親》添上這新的一章。

子欲養，親還在

「子欲養而親不在」是不少人的遺憾。今天，我雙親還在，能夠回報養育之恩，是上帝給我的祝福！

父親已經八十一歲，身體情況尚算穩定，只是記憶力在過去幾年逐漸衰退。今天，他已喊不出親人的名字，但是每次有親人探望，臉上還是自然流露出喜悅。

父親失去記憶也有一個過程，先是忘掉最近的事，常常重述他昔日在船上工作的往事，我也只能夠與他一同活在歷史之中。好處是讓我重溫忘懷了的生命片段，困難是他仍洗不掉昔日一些辛酸和苦澀的往事。

原來歌曲也能夠帶來一些美好的回憶，父親竟然能夠一字不漏地哼出當年周璇主唱的時代曲；而唱起國歌時，更是十分有勁：「起來……」。

讀經和祈禱有洗滌的功能，因為天父能赦免我們的罪孽、醫治我們的創傷，讓我們忘記痛苦的往事，重建破裂的關係。能夠忘記，原來也是祝福。

父親和我之間的恩怨，總算一筆勾銷。昔日我對他總是懷着恐懼，因為自己轉行時令他心傷過，害怕他的憤怒與責備。他也曾對我說：「我多次責罵你，你仍來探望我，叫我覺得內疚。」今天，我不再恐懼，父親不再內疚，彼此都自由了！

每次探望他，我都愛選讀或背誦一段《聖經》經文：〈詩篇〉23篇「耶和華是我的牧者……」，是我們共同的喜愛。我通常會握着他的雙手，望着他的雙眼，與他一同禱告：「多謝耶穌，賜我平安……阿們！」

這一程的父子交往，印象深刻。言語不多，卻是心靈相通。意外收穫是重拾一些忘懷了的上海話，因為父親對上海話最有反應，每次我倆說着上海話，他總是開懷大笑，合不攏嘴！

四代第一次相遇，最是難忘！父親第一眼看見他第一個曾孫時，喜上眉梢地說：「這個BB真漂亮！」他可能不知道，眼前這個微笑的男嬰是他第四代的至親。我們在他的牀頭加上一幅四代同堂的合照。

父親住在一所充滿愛心關懷的安老院，我們還請了一位真心愛護老人家的女士定期陪伴，幫助他活動，鼓勵他溝通。四代子孫和親人的探望及關懷從沒有間斷。

為父親主診的是一位大學老人科的教授，她也十分驚訝，父親的精神與健康狀況，是超乎她意料的理想。

愛是最重要的治療元素，愛不一定能阻止腦細胞衰退，但是可以更新人的生命！

子欲養，親還在！是天父對我的祝福。能夠親身經歷天父的愛，是我父親這一程最大的祝福！

英雄．嚴父．朋友

蔡暉明

作者按：

下文是我兒子暉明寫「父子關係」的文章。最初看到手稿時，心中既喜悅又慚愧。喜悅，是因為自己也不擅於表達內心感受，兒子卻接收到愛的信息；慚愧，是因為在兒子的成長中，我也表現剛烈、急躁的一面，對他也曾強烈的斥責。

最感恩的是天父的介入，是祂給我勇氣與自己的父親復和，是祂遮蓋我的軟弱，學習做個好父親。

回想自己成長的過程，父親扮演着不可取代的角色。而在成長的不同階段中，我和父親的關係也不斷轉變。

童年的時候，父親是我心目中的英雄。我覺得他很「勁」，時常都在不同的聚會中講道。雖然我不明白他在說什麼，卻知道他很受人尊敬。我也深深感受到父親對我的愛，忙碌中仍不忘抽空為我們兩兄弟講解聖經故事，也和我們一起踢足球，甚至結伴到政府大球場看比賽。每年生日，父母都會邀請我們的好朋友來參加生日會和「生日杯」足球賽，父親也常常充當球證。所以，在童年的歲月裏，父親是一位既威風亦愛我的英雄。

我步入少年的時候，父親的形象也漸漸改變了。少年的我十分反叛、脾氣暴烈，時常「駁嘴」，而父親的管教也十分嚴厲。我犯錯的時候，他會責罰我，所以我很害怕他。但我有好表現的時候，父親必定會讚賞我，他也很願意聆聽我的話。因為他對我的肯定，我也建立了自信心。少年時代，父親給我的印象是一位公正的、賞罰分明的嚴父，我既想親近他，亦帶點「畏懼」的心。

到了青年時候，思想漸漸成熟，父親所扮演的角色也由嚴父轉為良師益友。遇到高興或傷心的時候，我都會向父親傾訴，不管是前途的探索，感情的喜樂與掙扎，靈性高漲和低落等等。而父親永遠都是個最好的聆聽者，並且給我支持、勉勵，又為我祈禱。

同樣地，父親待我也好像朋友一般。最令我難忘的是有一次父親和我分享他內心的掙扎，在外面受到的壓力和創傷。我當時的感受是又喜又憂。喜的是父親對我的信任，不再待我像小孩子，卻如摯友般把心底話與我分享；憂的是我忽然體會到原來自小所景仰的父親也有軟弱和受傷的時候，我為到他所受的壓力和攻擊而擔憂。在我青年的時候，父親與我的關係就如一對好朋友。

在我不同成長的階段裏，父親所扮演的不同角色，剛好就是我在信仰歷程中與天父關係的寫照。童年的時候，我所認識的天父是很「勁」的，是創造天地萬物的神，是無所不在、無所不知、無所不能的獨一真神。但是這位偉大的神同樣是慈愛的父親，是願意聆聽小孩子祈禱的主。

到少年時代，我認識到天父除了是充滿憐憫的父親外，還是一位公義、聖潔、審判的神，是烈火，輕慢不得的，正好和我少年時期心目中父親的嚴父形象很相似。那段成長的歲月裏，我心目中的天父仍然是坐在寶座上，高高在上，遙不可及的。及至思想日漸成熟，開始發現這位創造天地的主並非我想像中那麼高不可攀，原來他很渴望我到他的身邊，他甚至親自來到世上，三十二年來親身體驗人間疾苦，體恤我的軟弱，明白我內心的掙扎。於是我漸漸和主耶穌建立了關係；而主耶穌現在不單是我的救主，更是我最好的朋友，這正好和我年輕時與父親的關係很相似。

父親對我信仰最大的影響，並不是他甘願冒着父子關係決裂而放棄醫生的職業，把生命獻給神，投身青少年工作；而是讓我看到什麼叫做以神為首的生命。我深深感受到神是信實的，是可倚靠的，敬畏他的人必不致羞愧。我也從父親的生命中領悟有意義、豐盛的生命，就是遵守神的話，行祂的旨意。今日，我也願意把自己生命的主權交給這位為我釘在十字架的主耶穌基督。

感謝天父賜給我一個愛我和愛主的父親，讓我能從他身上體會到神對我的愛。

終身學習——為人父親的喜悅

在輔導室內，我常聽見有人訴説做父親的沉重。這些年間，我卻不住數算為人父親的喜悅！

我兩個兒子快完成高中學業時，相繼表示要在教會接受洗禮，肯定自己的信仰。我向牧師請纓，讓我在兩個兒子與他們好友領洗時，負責講道，我不會忘記那一天的心情。兩個兒子在生命中作出重要的抉擇。信仰是人價值取向的根基，我十分安心！

有人告訴我大學畢業禮是何等的沉悶，我當然沒有忘記自己戴上「四方帽子」那一天。我也沒有錯過兩個兒子踏上禮台領畢業文憑那一刻，等待了二十多年也是值得的！

被邀請作會議的講員是一份榮譽，我覺得自己最光采的時刻是兩個兒子先後邀請我在他們的婚禮中講道，在親友面前分享心聲與訓勉。我的朋友告訴我，我的表現是「樂極忘形」！最重要的已經不再是講詞，而是那份難掩的欣喜與禁不了的真情！

每個熟悉我的人都知道我曾渴想得到一個女兒。現在天父賜給我兩個漂亮、敬神、愛家、愛我兒子、又尊敬我的「女兒」！初期與「女兒」的交往會有些距離，但她們逐步開放，向我傾吐心底話時，並用那種聲調與我通電話：「Daddy！」，我得重新學習如何與女兒對話。

最難想像的，是為人祖父的喜悅。我的同事感覺最深刻：我嘴邊離不開孫兒的名字，案頭最大幅的是孫兒的照片。公事包內放着一疊他的照片，連杯子也印上他的玉照。

我發現自己好像重新學做父親，不斷閱讀有關零至三歲孩子如何成長的書籍和文章。原來與初生嬰孩要有很多身體接觸，我學會如何與他"Baby talk"，我發現他對捲舌音有特別反應，每次講"Resilience", "tree"這些字他都會大笑！我領會到最重要的不是「有素質的時間」，而是「充裕的時間」。我告訴全世界，我最近忙個不了，他們問：「忙什麼？」我興奮地告訴他們：「忙着帶孫兒！」

我不單學習做祖父，其實還一直學習做父親。我不許自己和兒子、媳婦爭奪孫兒的寵愛，我一定要尊重他們教養孩子的方法，不能侵奪他們所珍惜的空間。三代共處是藝術，也是愛的喜悅！

與孫兒交流，每天都有新發現。第一次聽見他發出類似「爺爺」的聲音時，我整個人跳起來，明白什麼是「返老還童」。每天都有新的喜悅，新的學習。

為人父親，三十年來，不住的付出，所收回的盡是祝福。為人祖父，一年多來，付出的不多，只有祝福！

服侍「沒有父親的一代」

身為青少年工作者近三十年，讓我對心靈導師及作家盧雲神父（Henri Nouwen）的描繪更有共鳴：「這一代的青少年可能雙親健在，卻是『沒有父親！』」我們面對的是「沒有父親的一代」。

我在書本及研究報告上知道父親對兒女的自我建立和肯定甚為重要；我從報章上風聞父親打罵對子女造成的傷害；我在輔導室內聽到青少年對父親的渴求，並且是愛恨交織。我自己親身經歷父子相遇的困難；過去八年，我以「接待家長」（host parent）的身分，學習服侍「沒有父親的一代」。

為了隱藏當事人的身分，我不能詳述每個故事的細節，並且要把一些過程稍作更改。然而這幾年成為少年人的「代父」，對我有不少啟發。

每一個在我家中暫住一個月到九個月不等的少年都是聰明、漂亮，各有長處的，但他們卻是不約而同覺得自己「難看」和「無用」！看來父母親的判語已深深印在他們心上。

智商不低，為何要重讀中二兩次？成績表上「滿江紅」，科科不及格，為什麼要編造那麼多故事，去掩飾自己結交異性朋友、逛街、玩電子遊戲、抽煙、濫用藥物等行為？為什麼要用考試不及格、厭食、濫交、揮霍等行為去抒發內心的憤怒，去宣告自己的「自由」？為何憂悶竟轉為抑鬱，抑鬱竟化為暴力？

想不到父親經意或不經意的語言或身體暴力，竟有如此大的殺傷力？原來「爸爸不在家」(Absent father）的情況竟造成子女心靈中難以彌補的空檔！天下沒有不是的父親——並非蓄意「謀殺」，只是「誤殺」！有誰會有預謀地傷害自己的子女？

我對每個到家中暫住的少年說：我相信你！我只想與你一起發掘自己的長處！

其中一位少年人頭也不點，雙目到處浮遊，喃喃自語：「我一樣長處都沒有！」

建立互信是如此困難，其中一位少年人在我家住了三個月，才有力氣抬起頭，看着我叫一聲：「早晨！」用心來溝通原來很費力！

發掘長處倒不難，會繪漫畫的、善唱歌的、會修理門鈴的、是電腦奇才的、跑得快的、會攀石的、數學快而準的……。我確信 Howard Gardner 的「多元智能」理論，更相信「天生我才必有用」！

最困難原來是與父親面對面溝通。半年後才有勇氣問父親：「為何你偏愛妹妹？」一年之後才敢向父親呈交成績表：「我升上了中四！」三年後才在臥病牀上的父親眼神中看見——自己被接納了！

面對這些可愛的少年人，我也曾發現自己被騙，禁不住高聲責罵他們，原來他們對責罵是麻木的！我也曾激動地懇求過：「不要迫我放棄你！」我也試過哀求：「為什麼不坦白地把真相告訴我？你害怕嗎？」

原來一些被自己父親長期拒絕的少年人，再聽不進任何偉大的理論；高聲的控訴只會叫他們關上耳朵，封上心門，他們在尋找一個對他們不離不棄、堅定相信、願意用心同行的「父親」！

我要向每一位在我家中暫住過的少年人説一聲：謝謝！你們讓我進一步明白這個「沒有父親的一代」，讓我進深學習，怎樣才算是一顆父親的心。

後感

一個非洲尼日利亞（Nigeria）父親的故事引起我一點感觸。

原來尼日利亞村莊的男孩子，在步入少年的時候，要參加一個特殊的禮儀，象徵步入人生另一個階段。村裏的男孩子在十一歲之前，通常是與母親同住一所房子。到了他「大日子」的晚上來臨，孩子的父親會與村裏的父老，聯同一個鼓手、一個戴上巨型面具的男人，在房子前出現。那面具象徵男人成長屬靈的一面。

鼓聲擊起，那戴面具的男人便跳着舞，開始呼喊：「出來！出來！」一番擊鼓、舞蹈之後，他再衝到男孩子與母親的房子，使勁敲門，說：「出來！我們一族的兒子，出來！」

母親等待片時，才緩緩打開門戶，仍用身軀遮掩着背後站着的兒子。此時，村中父老和男孩子的父親便加入呼喚：「出來，我們一族的兒子，出來！」他們不會衝進房子，只是在外面等待，讓男孩子主動從母親背後站出來。

鼓聲激烈，喊聲震動，舞姿狂勁，母親仍然抗拒。但最後，她終於站在一旁。

這時，那男孩子就面對人生重要的一刻。

他站在母親的房子裏，那裏有他緊握在手的溫柔、保護，是已知的、安全的。前面的呼喊、內裏的催迫，是另一種聲音——神祕、刺激、強勁、真實！

「出來！」門外的男人大聲吶喊。

男孩子腳步猶疑，眼睛不敢回看母親，最後他鼓起勇氣開步，踏出母親房子的蔭庇，走到外面——是新生的開始，他成了父親的兒子！

那戴面具的男人抓着男孩子的手腕，帶他加入眾父老和他父親的行列，還有其他同年的少年孩子也在其中。背後是母親痛哭的聲音，卻被眾男人的勝利呼聲所淹沒了。鼓手再度擊起一陣強力的鼓聲，他們結隊再去呼喊另一個男孩子。

所有少年人都齊集之後，他們就給引到村外一個叢林受訓兩個星期——包括打獵、造房子等男人謀生的技能。然後是一段禁食的日子，進入屬靈操練的階段。繼而接受割包皮的儀式，象徵成為男人，並且成為該族羣的一員，甘願承擔、順從，同甘共苦。在包皮康復期間，有人會跟他們述説該族的歷史。

父親會在村裏親手為兒子另蓋一所房子。少年人回到村莊時，村民都把他當作成人看待。母親卻暫時不得與兒子會面，少年人會直接回到自己的房子，與母親分離。晚上，父親會給他一根獵槍、一塊耕地、一個鋤頭——他開始在族中建立成人的地位與生活。

這個故事叫我既激動、又感動。我真巴不得自己在十一歲那一年，也經歷如此震撼的禮儀——與母親分離，與父親聯繫，尋找「代父」和師傅，追溯過去的歷史，學習明天的技能，操練靈性，肯定自我。本書裏觸及的課題，都在那孩子現實生活中出現了，並非理論，更非神話。

沒有父親，可能是現代人、文明人的苦惱。我們今天已經沒有擊鼓，不再跳舞，也聽不見「出來！出來！」的呼聲。外面的父親不見了，裏面的「男性形象」也破碎了，天父的形象更是模糊莫辨！

但願這本書就像擊鼓的聲音，你聽見嗎：「出來！出來！」——讓那「受傷的父親」出來，得到治療；讓那破碎的「男性形象」出來，得到重建。

願天父伴你走這一生也走不完的旅程！

附錄：《聖經》默想及指引

我們在天上的父親

附錄一 與我們的天父相交

日	閱讀經文	默想經文	默想重點
1	〈約翰福音〉14:1-14； 〈羅馬書〉8:12-17	〈約〉14:6； 〈羅〉8:15-16	與父交心
2	〈詩篇〉139	〈詩〉139:13-14	被父所造
3	〈詩篇〉103	〈詩〉103:8-13	父的赦免
4	〈詩篇〉131	〈詩〉131:2	父的母性
5	〈詩篇〉36	〈詩〉36:9	父的引導
6	〈詩篇〉47	〈詩〉47:7-8	萬國之王
7	〈詩篇〉16	〈詩〉16:8-9	生命之道

附錄二 天父在等待

日	閱讀經文	默想經文	默想重點
1	〈箴言〉23:15-26	〈箴〉23:26	等待交心
2	〈路加福音〉15:11-32	〈路〉15:20	等待回家
3	〈馬太福音〉7:7-12	〈太〉7:11	等待賜福
4	〈詩篇〉91:1-16	〈詩〉91:1-2	等待蔭庇
5	〈詩篇〉68:1-18	〈詩〉68:5-6	等待作伴
6	〈希伯來書〉12:5-13	〈來〉12:10-11	等待管教
7	〈哥林多後書〉6:14-18	〈林後〉6:17-18	等待成聖

附錄三 父慈、子遁

日	閱讀經文	默想經文	默想重點
1	〈詩篇〉139:1-24	〈詩〉139:7-8	難逃天父
2	〈約拿書〉1:1-10	〈拿〉1:1-3a	逃父呼召
3	〈約拿書〉1:11-17	〈拿〉1:17	父的保護
4	〈約拿書〉2:1-10	〈拿〉2:1-4	險中求救
5	〈約拿書〉3:1-10	〈拿〉3:1-2	再度呼召
6	〈約拿書〉4:1-6	〈拿〉4:3-4	向父發怒
7	〈約拿書〉4:7-11	〈拿〉4:10-11	父的憐憫

附錄四 神賜代父

日	閱讀經文	默想經文	默想重點
1	〈帖撒羅尼迦前書〉2:1-12	〈帖前〉2:11-12	為父的心
2	〈哥林多前書〉4:6-21	〈林前〉4:14-16	以身作則
3	〈提摩太前書〉1:12-20	〈提前〉1:15-16	坦誠分享
4	〈提摩太後書〉1:1-14	〈提後〉1:6-7	發揮恩賜
5	〈提摩太後書〉2:1-13	〈提後〉2:1-2	代代相傳
6	〈提摩太後書〉2:14-26	〈提後〉2:21-22	勉勵自潔
7	〈提摩太後書〉3:1-17	〈提後〉3:14-15	活學《聖經》

附錄五 受傷的父

日	閱讀經文	默想經文	默想重點
1	〈創世記〉3:1-15	〈創〉3:8-10	人的叛逆
2	〈創世記〉6:1-12	〈創〉6:5-6	為罪憂傷
3	〈出埃及記〉32:1-14	〈出〉32:8-9	人的剛愎
4	〈士師記〉6:1-10	〈士〉6:8-10	忘恩負義
5	〈撒母耳記上〉8:1-9	〈撒上〉8:7-8	被人離棄
6	〈以賽亞書〉53:1-12	〈賽〉53:3-4	擔罪之苦
7	〈馬太福音〉21:33-46	〈太〉21:36-38	人的殘暴

附錄六 天父必醫治

日	閱讀經文	默想經文	默想重點
1	〈詩篇〉34:1-22	〈詩〉34:18-19	傷心的人
2	〈詩篇〉6:1-10	〈詩〉6:1-2	軟弱的人
3	〈詩篇〉42:1-11	〈詩〉42:5	憂悶煩躁
4	〈詩篇〉32:1-71	〈詩〉32:1-3	罪得赦免
5	〈詩篇〉51:1-19	〈詩〉51:10-12	救恩之樂
6	〈詩篇〉130:1-8	〈詩〉130:3-5	赦免之恩
7	〈詩篇〉147:1-20	〈詩〉147:2-3	裹好傷患

附錄七 常活在天父的愛中

日	閱讀經文	默想經文	默想重點
1	〈以賽亞書〉40:18-31	〈賽〉40:29-31	力量更新
2	〈以賽亞書〉43:1-13	〈賽〉13:1-2	同渡水火
3	〈以賽亞書〉44:1-8	〈賽〉44:3-4	靈的澆灌
4	〈以賽亞書〉46:1-13	〈賽〉46:3-4	終身懷抱
5	〈以賽亞書〉49:14-26	〈賽〉49:15-16	永不忘記
6	〈以賽亞書〉50:1-11	〈賽〉50:4-6	悉心教導
7	〈以賽亞書〉54:1-17	〈賽〉54:9-10	不移的愛

附錄八 父子情深

日	閱讀經文	默想經文	默想重點
1	〈約翰福音〉1:1-18	〈約〉1:14、18	子表明父
2	〈約翰福音〉2:13-25	〈約〉2:16-17	為父焦急
3	〈約翰福音〉5:19-38	〈約〉5:19-20	從父行事
4	〈約翰福音〉10:11-39	〈約〉10:29-30	父子合一
5	〈約翰福音〉14:1-15	〈約〉14:6-7	引到父前
6	〈約翰福音〉15:1-17	〈約〉15:1-2	天父栽培
7	〈約翰福音〉17:1-18	〈約〉17:4-5	共享榮耀

蔡元雲作品

《牧養新世代》（蔡元雲、謝文策合著）

近年，教會牧養青少年愈來愈困難，這是教會必須面對的。兩位資深青少年工作者整合新的視點，透過分享、建議、紀錄，讓寶貴的經驗得以傳承。

《敢夢想飛 —— Young life 召命導航手冊》

在巨變的年代，未來全不可確定，加上經濟不景、失業高企，誰還能逐夢？蔡醫生卻深信，就算你早已把理想埋葬，甚或惘然不知想作什麼、能作什麼，也可以在職場上，讓夢想飛揚，成就理想。有夢，才能形塑人生方向。

《生命影響生命》

蔡醫生從事青少年工作逾三十五年，當中經歷數不盡教人心靈疲憊的困境，上帝的話往往成為作者的安慰和力量，讓他一次又一次平安地渡過。本書可以稱為屬靈的奧底賽之詩，藉着經文、個人的經歷、感受、名著引錄、札記等，表達出來，與讀者產生心靈的交流。

父子關係系列

《陪孩子跑一場障礙賽》

作者：關子凱

香港的學校未必能照顧學障孩子，作者只好把兒子送到英國讀中學，只因孩子尚年幼，既要為在英國的生活奔走，又要照料兒子信仰需要。由於外國學校的照顧和生活的空間，兒子在學業上能發揮所長；又因在外國生活感受孤單，兒子漸漸發展出創作音樂的興趣。

《荒島校長的教子祕笈》

作者：陳兆焯

陳校長向讀者公開他的絕密「教子祕笈」。如果各位家長以為這是「一本在手，天下我有」的武林祕笈，可以打救一班水深火熱的家長時，就會發現，原來哪個家長沒掙扎，強如專教壞細路的荒島校長，擔任爸爸這角色時同樣有笑有淚有掙扎。

《哪個孩子不出色》

作者：梁永泰

作者一生服務青少年，本身也是三個孩子的爸爸，在他眼中，世上每個孩子都是出色的！你的孩子不能選擇由誰當爸爸，然而你卻可以學習，一家人一起面對人生每一個抉擇，尊重孩子成長的每一個需要，你就會令他們成為最出色的孩子，你自己也就是他們最愛的爸爸！

心理與栽培系列最新書目

生活與輔導

書名	作者
情緒有益	李兆康、區祥江
幸福的實踐 —— 婚姻輔導解構	黃麗彰
總有一次失戀	馬妙如、區祥江等
化解婚姻中的 13 種危機	區祥江
戀愛出事的理由	伍詠光
兒童及青少年心理個案 —— 專家會診及治療	羅健文
100 分情人必修課	溫淑芳
饒恕果真如此輕易	霍玉蓮、陳佐才等
發現家庭復原力	羅健文
愛在點滴親和間 —— 九型人格親密關係新啟示	霍玉蓮
完美筍工	羅拔・畢拿
論斷太多，判斷太少？	泰利・谷巴
想你唔賭 —— 助人自助戒賭輔導	鄧耀祖、陳佩思、陳志華等
喜樂工程 —— 以正向心理學打造幸福人生	湯國鈞、姚穎詩、邱敏儀
快樂軌迹 —— 10 個正向心理學的生活智慧	區祥江
情緒傷害的醫治	黃麗彰
敍事從家庭開始 —— 敍事治療的實踐歷程	列小慧
婚姻與家庭治療：理論與實務藍圖	霍玉蓮
怎可以一生一世	霍玉蓮
情難捨 —— 從相依之道到相分之痛	霍玉蓮